アカデミック・アドバイジング

その専門性と実践
日本の大学へのアメリカの示唆

清水栄子

東信堂

はしがき

　本書は、アメリカの大学で行われている Academic Advising（以下「アカデミック・アドバイジング」と記す。）を取りあげ、その制度や実践がどのような歴史的背景のもとに普及・発展してきたのか、アドバイジングの担い手たちの専門職化に際していかなる課題が残されているのかを明らかにする。すなわち、アカデミック・アドバイジングの総体的把握を目指している。その考察を通じて、日本の高等教育への示唆を得ることもまた、本書の重要な目的の一つである。

　本書で取り上げるアカデミック・アドバイジングとは、アメリカの大学を舞台に実施され、学生が自身の専攻やキャリアを決定し、進路に沿ったコース・履修選択を行うための支援活動を指している。

　筆者が本研究に取組むに至った背景には、日本の高等教育に対する危機感がある。わが国でも世界的規模で展開するグローバル化やIT化の影響を受け、高等教育を取り巻く環境は大きく変化している。大学は大衆化を迎え、1990年代以降は大学設置基準の大綱化によって市場化と規制緩和が進んだ。自主性強化の美名のもと、裁量の拡大や運営の効率化を強いられた結果、大学は過酷な生存競争を余儀なくされている。さらに大学にはアカウンタビリティ（説明責任）が求められるようになった。加えて産業界からは国際競争力を向上すべく多様な他者と協働して課題を解決できる人材育成が要望されている。

　周知のように、ユニバーサル化を迎えた大学の現場では、学習習慣が身についていない学生、学力の低い学生、大学での学習目的や意欲の希薄な学生

が増加し、深刻な問題となっている。多様な個々の学生を支援する体制の確立はまさに喫緊の課題であろう。そしてそのモデルとなる支援体制こそ、アメリカのアカデミック・アドバイジングであると筆者は考えている。しかしながら、その体制はどのような歴史的背景のもとに普及・発展し、いかなる課題が残されているのか。この点は必ずしも明らかになっておらず、また日本語で読める文献は皆無に等しい。

　以上の問題意識から、本書では、いち早くユニバーサル化を迎え、学生支援体制の確立に取り組んだアメリカのアカデミック・アドバイジングの総体的把握を目的とする。アカデミック・アドバイジングの制度的な仕組みの紹介にとどまらず、それが大学教育・運営に与える影響やアドバイジングの担い手に必要とされる能力・専門性についても関連する文献・資料の比較検討及び訪問調査を通じて考察していきたい。

　本書の構成は次のとおりである。
　　序章　　本研究の目的と課題
　　第1章　アカデミック・アドバイジングの歴史と展開
　　第2章　アカデミック・アドバイジング制度の現状と課題
　　　　　　――使命と目的・成果と評価・実践組織と担い手
　　第3章　アカデミック・アドバイジングの現場を訪ねて
　　　　　　――4大学の組織・担い手・研修
　　第4章　アカデミック・アドバイジングの専門職性とアドバイザーの専門性
　　終章　　要約と日本への示唆

　序章では本書の具体的な課題とその意義を述べる。第1章ではアカデミック・アドバイジングの歴史的展開を明らかにする。第2章では、アカデミック・アドバイジング制度の現状と課題を分析する。ここでは、使命（ミッション）と目的、成果と評価、実践組織と担い手の三つの視点から、アドバイジング制度の仕組みを解明するとともにその課題を浮彫りにしていく。

　第3章は、前章までに明らかにしたアカデミック・アドバイジング制度の

現状と課題を踏まえ、筆者が実施した大学訪問の調査報告である。調査は、カリフォルニア大学バークレー校(University of California, Berkeley)の文理カレッジ(College of Letters and Sciences)と化学カレッジ、同大学サンディエゴ校(University of California, San Diego)のアール・ウォレン・カレッジ、コロラド大学ボルダー校(University of Colorado, Boulder)の工学系学科、ウエスタン・イリノイ大学(Western Illinois University)を対象とし、同校のアカデミック・アドバイジング・センターと学科におけるアドバイジングの担い手にそれぞれインタビューを実施した。

　第4章では、アカデミック・アドバイジングの専門職化とアドバイザーの専門性の到達点を検証する。まずは、一般的に専門職として認知されている伝統的な専門職の条件を整理する。次に、アドバイジング実践者に求められる専門性について先行研究および専門職団体の定義を用いて明らかにした上で、採用時に求められる専門性の程度を分析する。最後に、専門職団体NACADAの専門職性および専門性の確保に向けた取組みを整理する。

　終章では、それまでに論じてきたアメリカのアカデミック・アドバイジングの実態を総括し、日本の高等教育への示唆並びに今後の課題と展望について論じる。

　なお、本書は、大学行政管理学会自費出版奨励金の助成を受けて出版するものである。

　　2015年　11月　　　　　　　　　　　　　　　　　　　　清水栄子

目　次／アカデミック・アドバイジング　その専門性と実践
　　　──日本の大学へのアメリカの示唆

はしがき………………………………………………………… i
略語対照表……………………………………………………… ix
図表一覧………………………………………………………… x

序章　本研究の目的と課題………………………………… 3

第1節　背景と問題意識………………………………………… 3
第2節　「アカデミック・アドバイジング」とは何か
　　　　──学習支援(ラーニング・サポート)との比較から……… 7
第3節　アメリカにおける先行研究と本研究の課題………… 13
第4節　本書の構成…………………………………………… 16

第1章　アカデミック・アドバイジングの歴史と展開　23

第1節　前期(〜1860年代)…………………………………… 24
　(1) 植民地時代──学長による親代わり……24
　(2) 独立戦争後──変化するカリキュラムと学生……26
第2節　誕生期(1870年代〜1910年代)……………………… 29
　(1) 選択科目制の導入……29
　(2) 教員によるアドバイジングのはじまり……30
第3節　普及・発展期(1920年代〜1960年代)……………… 32
　(1) 学生数の増大と科学競争への対応……32
　(2) カウンセラー・専任アドバイザーの登場……33
第4節　質的転換期(1970年代〜)…………………………… 36

(1) 魅力ある大学と学習成果……36

　　(2) 専任アドバイザーの増加と教員との協働……40

　第5節　アカデミック・アドバイジングとニーズ
　　　　――変転した関係が語るもの ……………………………42

第2章　アカデミック・アドバイジング制度の現状と課題
　　　　――使命と目的・成果と評価・実践組織と担い手 …………46

　第1節　使命（ミッション）と目的……………………………47
　第2節　成果と評価 ……………………………………………53
　第3節　実践組織と担い手 ……………………………………63
　　(1) 大学組織におけるアカデミック・アドバイジングの位置づけ…63
　　(2) アドバイジング実践者の数とその推移……64
　　(3) 実践組織の現状―協働型への移行……68
　第4節　まとめ――アカデミック・アドバイジングの現状と課題が示すもの…74
　　(1) 使命と目的……74
　　(2) 成果と評価……75
　　(3) 実践組織と担い手……76

第3章　アカデミック・アドバイジングの現場を訪ねて
　　　　――4大学の組織・担い手・研修…………………………82

　第1節　カリフォルニア大学サンディエゴ校アール・ウォレン・
　　　　カレッジ ……………………………………………………84
　　(1) 大学の概要……84
　　(2) アカデミック・アドバイジング・オフィス……87
　第2節　カリフォルニア大学バークレー校 ……………………90
　　(1) 大学の概要……90

（2）文理カレッジ・アドバイジング・オフィス……91
　　（3）化学学科のアカデミック・アドバジング……94
　第3節　コロラド大学ボルダー校 ……………………………………… 96
　　（1）大学の概要……96
　　（2）電気・コンピュータとエネルギー工学科のアカデミック・アドバイジング……97
　第4節　ウエスタン・イリノイ大学 …………………………………… 99
　　（1）大学の概要……100
　　（2）アドバイジング・学習サービスセンター……100
　第5節　まとめ——訪問大学から窺えるアカデミック・アドバイジングの現状と課題……………………………………… 103

第4章　アカデミック・アドバイジングの専門職性とアドバイザーの専門性 ………………………… 110

　第1節　アドバイジングの専門職性 …………………………………… 111
　　（1）米国高等教育機関における専門職の傾向……112
　　（2）アドバイジングの専門職性の考察に向けた枠組み設定……113
　　（3）専門職性の検証……115
　第2節　アドバイザーの専門性 ………………………………………… 125
　　（1）担い手に求められる専門性とは……125
　　（2）専門性の考察に向けた分析軸の設定……126
　　（3）求められる専門性の検証……143
　第3節　専門職性および専門性の確保への取組み ……………… 144
　　（1）専門職性確保への取組みとその要因……145
　　（2）専門性確保の取組み——NACADAの取組みを参考に……151

終章　要約と日本への示唆 ……………………………… 163

第1節　アメリカの高等教育におけるアカデミック・アドバイジング ……………………………………………………… 163

　（1）研究課題の考察 ……163

　（2）アカデミック・アドバイジング実践における課題と今後の展望 ……168

第2節　日本への示唆と今後の研究課題 ……………………… 170

　（1）アカデミック・アドバイジング制度の日本導入における課題 … 171

　（2）アカデミック・アドバイジング制度の確立に向けて … 175

参考文献一覧 ………………………………………………………… 183
あとがき ……………………………………………………………… 195
事項索引 ……………………………………………………………… 199
人名索引 ……………………………………………………………… 203

略語対照表

略語	英語	日本語
ACPA	American College Personnel Association	アメリカ大学学生担当者協会
ACT	American College Testing	全米カレッジテスト
ACUHO-I	Association of College and University Housing Officers International	大学学生寮担当者協会
AIR	Association for Institutional Research	米国IR協会
CAS	Council for the Advancement of Standards in Higher Education	高等教育規準推進協議会
CASE	Council for Advancement and Support of Education	教育振興支援協会
CFRE	Certified Fund Raising Executive	資金調達資格
CIRP	Cooperative Institutional Research Program	共同大学調査研究プログラム
CLA	Collegiate Learning Assessment	大学生学習評価
ERIC	Education Resource Information Center	アメリカ教育資源情報センター
HERI	Higher Education Research Institute	高等教育研究所
NACADA	National Academic Advising Association	全国アカデミック・アドバイジング協会
NACUBO	National Association of College and University Business Officers	全米大学経営管理者協会
NASPA	National Association of Student Personnel Administrators	全国学生担当管理職員協会
NCES	National Center for Educational Statistics	全米教育統計センター
NIRSA	National Intramural Recreational Sports Association	全米室内スポーツレクリエーション協会
NSSE	National Survey of Student Engagement	全米学生エンゲージメント調査
SPPV	Student Personnel Point of View	学生助育
UNESCO	United Nations Educational, Scientific and Cultural Organization	国際連合教育科学文化機関

図表一覧

序章
図序-1	アメリカにおける大学入学率の推移（年齢16〜24歳）	4
図序-2	在学中のアカデミック・アドバイジングのイメージ	9
図序-3	アカデミック・アドバイジングと学習支援	11
図序-4	成人学歴別年間純所得（25〜64歳：米国）	18
図序-5	年間所得（男女計）（後期中等教育・中等後教育（除高等教育）を100とした学歴別相対所得）（年齢25〜64歳）	19
図序-6	学歴別就業率の推移（1997〜2009年）	19
図序-7	学歴別失業率の推移（1997〜2009年）	20

第1章
表1-1	アカデミック・アドバイジングの担い手とアドバイジング内容の変遷	44

第2章
表2-1	「ミッション」項目に関する比較（2003年版、2008年版、2013年版）	50
図2-1	アカデミック・アドバイジングの構造（イメージ）	54
表2-2	学生支援における学生の学習成果	56
図2-2	アドバイジング・シラバスを活用したアカデミック・アドバイジング実践	59
図2-3	アカデミック・アドバイジングによる学習成果	62
表2-3	学内のアドバイジング担当者の有無	63
図2-4	アドバイジング・センターの設置状況	64
表2-4	学科でアドバイジングを担っている人材	65
表2-5	センターでアドバイジングを担う人材	66
図2-5	アカデミック・アドバイジングの学内での調整担当人材	67
表2-6	アカデミック・アドバイジング組織の7モデルの特徴と長所・短所	70
表2-7	アカデミック・アドバイジング組織の実施状況　ACT第2回（1983年）調査および第6回（2003年）調査の比較	73
図2-6	制度化の過程（Hasselbladh and Kallinikos）	79
表2-8	CASによる学習と発達成果	80

第3章
図3-1	アール・ウォレン・カレッジの組織	86
表3-1	アドバイジングの形態（アール・ウォレン・カレッジ）	88
図3-2	アドバイジング・学習サービスセンターのミッション	101
図3-3	アドバイジング・学習サービスセンターの組織図	102
表3-2	調査大学別アドバイジング組織の現状	104

第4章
表4-1	アドバイジング実践者に求められる専門性に関する諸論者の意見（総合）	128
表4-2	求人大学の規模別分類（カーネギー大学分類を用いて作成）	132
表4-3	職種別の採用条件	133
図4-1	職種別の採用条件	133
表4-4	「知識」の詳細条件	136

表4-5	「技術」および「態度(対応)」に関する詳細条件	137
表4-6	職種ごとに求められる業績条件	138
図4-2	アドバイザー、コーディネーターに求められる専門性(NACADA求人情報)	140
表4-7	求められる専門性(職種別：NACADA求人情報より作成)	140
表4-8	先行研究／専門職団体による議論と採用条件の比較	141
表4-9	職種ごとに求められる学位条件	146
表4-10	カンザス州立大学「アカデミック・アドバイジング・コースカリキュラム」	149
表4-11	アドバイジング実践者の研修に必要な要素と求められる専門性	153

終章

図終-1	日本の大学職員(事務系職員)数の推移	179
図終-2	アメリカの教職員数の推移(1976年〜2009年)	180
表終-1	新たな業務(教員・職員)	181
図終-3	職員による担当科目について(職員が科目を担当している大学数の割合)	182

アカデミック・アドバイジング その専門性と実践
―― 日本の大学へのアメリカの示唆 ――

序章　本研究の目的と課題

第1節　背景と問題意識

　本書の目的は、アメリカの大学で行われているAcademic Advising（以下「アカデミック・アドバイジング[1]」という。）制度を取りあげ、アカデミック・アドバイジングの歴史的な展開、その制度的な仕組みと実践例、そしてアドバイジング実践者の専門職化および職務の専門性の内実を明らかにすることで、日本の高等教育への示唆を得ることである。

　具体的にいえば、アカデミック・アドバイジングはなぜアメリカの大学で発展を遂げたのか。さらに近年、アドバイジングの担い手に教員外の職員も加わり、その専門職化が目指されているのはなぜか。アカデミック・アドバイジングは、そもそも、アメリカの大学で有益な機能を果たしているのか。これらの問いに迫り、各々の背景と要因を明らかにしていく。

　そこで本節ではまず、アメリカの大学事情について簡単に述べておきたい。というのも、その特殊性への理解を抜きにしてアカデミック・アドバイジングを説明することは非常に困難だからである。

　アメリカでは大学進学率は70％を超えており、いわゆるユニバーサル・アクセスの段階に達している（**図序-1**）。さかのぼれば、進学率は非常に早い段階（1959年）で40％を越え、その後も緩やかに上昇していた。

　こうした進学率の漸増は大学生の多様化を意味している。迎え入れた学生には、高等教育経験のない保護者を持つ第1世代の学生（First generation students）、大学での学習や生活への準備が不足している学生、学習意欲の低い学生等が

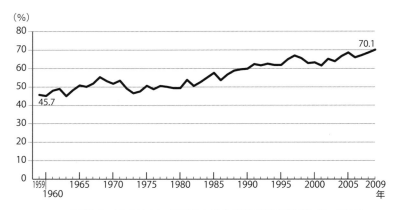

図序-1　アメリカにおける大学入学率の推移（年齢：16〜24歳）
"College Enrollment Rate at Record High" New York Times より作成

多数含まれており、その年齢や家庭環境も多岐に渡っている。その結果、アメリカ高等教育は、大学生の学力低下や中途退学率の高止まり[2]という課題に直面することとなった。

このような状況下において、学生（学習者）を主体とする能動的な学習へのパラダイム・シフトが起きた。すなわち、これまでの教員による教育中心である教授パラダイム（Instruction Paradigm）から学習者が何を学ぶのかを中心に据えた学習パラダイム（Learning Paradigm）へ移行し、大学の使命も「教育の提供、教えること（provide instruction, to teach）」から「学習を創出すること（produce learning）」へと変化した（Barr & Tagg, 1995）。

他方、経済状況の悪化により政府の高等教育への資金援助は減少傾向にある。そのため、各大学では十分な授業料収入を確保することが大学経営の大きなウェイトを占めてきている。アメリカ高等教育においては、学生の大学間の流動性がきわめて高いことは特徴の一つであり、周知の事実でもある。各大学では経営的観点から学生確保が重要課題となり、必然的に大学間の競争は激化した。

また、市場化に伴う消費者意識の高揚により、大学教育に対するアカウン

タビリティが強く求められるようになっている。全国的な教育改革運動の引き金となった *A Nation at Risk*（『危機に立つ国家』, 1983）においても、すでに高等教育の質保証を求める機運が高まっていた。さらに1990年代になると学生の学習に焦点が当てられるようになった。

その後 *A Test of Leadership-Chartering the Future of the U.S. Higher Education*（『リーダーシップが試される時－米国高等教育の将来像』: 以下「スペリングス委員会報告」という, 2006年）において、学習成果も含め高等教育の改善を目指したアクションプランが発表された。これ以降、各機関では学習成果を重視した取組みを強化するようになっている。

とはいえ、アメリカの各大学にとって目下の課題は高止まりした中途退学率への対応である。中途退学者の増加は、当然、学生数の減少に帰結するため、大学経営としては何としてでも避けたい懸案事項に他ならない。特に編入学や転入学が頻繁に行われるアメリカにおいて、州立大学は学生数に応じて州政府予算が決定・支給されるため、各大学は学生確保のために様々な対策を講じざるを得ない。私立大学も例外にもれず、一定の量と質の学生を確保することは大学の存続に関わる重大な課題として認識されている。

このような文脈の中で、アカデミック・アドバイジングは、様々な背景をもつ学生に適切な支援を提供することで、退学率の減少や在籍継続率の向上に効果があるとされ（Cuseo, 2002; Nutt, 2003a）、アメリカのあらゆる類型の大学で実施されてきた。先に触れたように、その取組みは正課教育に限定されず、正課併行プログラム（co-curricular programs）も含む両面にわたり、広い範囲で学生を支援している。

しかし、だからといって、アカデミック・アドバイジングを単なる中途退学の予防策と捉えるのは早計である。学生支援の一貫としておよそ140年前に誕生し、試行錯誤の中で発展してきたアカデミック・アドバイジングは、アメリカの大学[3]において「大学での学修の成功のための履修に関わる総合的な助言」という理解のもと、必要不可欠なサービスとして機能しているのである。

ここでは学生支援の文脈においてアカデミック・アドバイジングが注目さ

れるに至った背景を簡単に述べておきたい。一言で説明すれば、アカデミック・アドバイジングはアメリカ高等教育の発展と歩みを共にし、大学への要求の実現を目指してきた。もう少し詳しくみていこう。

　まずアメリカは学歴主義の社会である。相対的にみて学歴による賃金の差が大きく[4]、大卒は所得や就業面で有利である。この点については、OECD加盟国と比べてみてもアメリカの学歴差は顕著である[5]。職業上の安定を保つためにも多くの者が大学の門戸を叩いている。

　さらに知識基盤社会を迎えた現代のアメリカにおいては、これまで以上に大学教育を受けた人材は重宝される。国際競争に勝つため、産業界からは高度な知識・技術を有する労働人材の輩出が大学に要望され、個人もまた学習機会を求めて大学に進学する。社会人の大学(再)入学も増加傾向にあり、大学には彼らの職務上のニーズに合った高水準の教育を継続的に提供することが求められるようになった。

　このように大学教育への期待は、個人の側からも社会の側からも、すなわち学卒後の職業生活の充実及び国際競争力の強化に向けて高まる一方である。それゆえ、新入生の大学への入学目的にはすでに卒業後の就職がかなり意識されている。例えば、新入生を対象としたカリフォルニア大学ロサンゼルス校の高等教育研究所(Higher Education Research Institute: HERI)による「新入生調査—CIRP Freshman Survey」(2012)の結果によれば、新入生が大学進学を決めた理由は「よりよい職業に就く(87.9%)[6]」「よりお金を稼ぐため(74.6%)」「一般教育や知識・理解を得るため(72.8%)」が上位の回答を占めていた(Pryor, Eagan, Blake, Hurtado, Berdan, and Case, 2012)。学生の大学への進学理由には"就職"や"収入"の比率が高い。実際、特定の職業に要求される能力はさまざまであるが、大卒の学歴や学部教育で取得できる免許・資格は就職に有利に働くという事情があるためであろう。現在の大学生は、このように入学当初から卒業後の就職を意識している。そして社会の側も大学生活を通じて学生が有能な労働人材へと成長してくれることを期待している。

　しかしながら、現実にはアメリカの大学生は全体の50％前後しか卒業で

きていない。そのため、学生の入学から卒業までを包括的に支援する体制が、国際競争力の強化を目指す社会の要請として、また学生自身のキャリア形成上の要求として重要視されるようになった。そこで注目されたのが、アカデミック・アドバイジングに他ならない。詳しくは後述するが、その実践はすでに様々な成果を生み出している。例えば、American College Testing（以下「ACT」という）調査（2004）からは、「特定の学生集団へのアドバイジングによる介入が在籍継続に貢献している（75%）」という調査結果が得られた（Habley and McClanahan, 2004）。

こうした実績により、アカデミック・アドバイジング制度とその担い手はアメリカ全土の大学に普及していく。それを後押ししたのは、アメリカ特有の社会風土、すなわちプロフェッショナルとアマチュアの区別を明確化し（山田, 1979）、職務の専門性を尊重するその気風である。多様な専門職の需要があり（山田, 1998）、実践に即したプロフェッショナル・スクールが充実しているアメリカは、いわば専門職社会と捉えることもできる。そのようなアメリカ社会にあって、アカデミック・アドバイジングは新たな専門職集団として注目され、その普及と発展はより一層加速していく。

以上、簡単に素描したように、アメリカのアカデミック・アドバイジングは大学の中途退学予防という枠組みにとどまらず、アメリカ社会の経済状況の変化や大学への期待に応える形で展開していった。そこにアメリカ独自の専門職志向の影響があったことも忘れてはならない。詳しい分析は本章以下に譲るとして、次節ではそれに先立ち、アカデミック・アドバイジングの具体的な支援内容とその範囲を確認しておこう。

第2節　「アカデミック・アドバイジング」とは何か
―― 学習支援（ラーニング・サポート）との比較から

アカデミック・アドバイジングは、学生の将来目標の達成を支援するために大学生活（入学から卒業まで）を通じて実施される。その支援内容は学習目標

の立案や将来のキャリアの選択、また授業や正課内外のプログラムの選択に関する相談など多岐にわたっている。加えて、アカデミック・アドバイジングは体系化された制度でもある。

　各大学の教育目的等により異なるが、一般的に、アカデミック・アドバイジングは全学生を対象とする活動である。そこには①カリキュラム、コース、専攻、卒業必修条件等の履修情報の提供、②学生の将来目標の決定に関連する職業、資格等のキャリアに関わる情報の提供、③学生が抱えている個人的な課題に対して、それぞれの状況に即した助言や対応の実施、という三つの取組みがある。つまり、学生の学習と人間形成的な側面を含めた支援である。教員による単に学習内容・方法に限られたアドバイスではない。

　アカデミック・アドバイジングの内容は対象者の学年によって異なる[7]。1年生から2年生前期においては、専攻を決定することに主眼を置いて履修や履修計画に関するアドバイジングを行う。2年生後期から3年生後期までは、学生が希望した専攻および学部必修の確認とそれに伴う履修計画が中心となる。3年生後期から4年生前期では、卒業に必要な履修条件（たとえば、必修単位の修得状況やGPAの確認等）に関連したアドバイジングが中心となる。多くの大学では、卒業予定年の前期に、それまでの履修単位等の確認を行うことを必須条件としている。1年から4年までの各学年で取り扱うアカデミック・アドバイジングのイメージを示したものが**図序−2**である。

　アドバイジングの内容は履修中心だが、それ以外にも将来の目標達成のための海外留学やインターンシップへの参加等も具体的に考えられる。アドバイジング実践者[8]は学生の必要に応じて情報を提供し、関連部署（たとえば国際交流室やキャリアセンター等）に紹介する。また、大学生活を充実させるため、地域や学内コミュニティに関する情報等を提供し、学生の学習や大学生活の充実に向けた支援も行う。

　アカデミック・アドバイジングの主な担い手は、教員、アドバイジングを専門に担うアドバイザー（以下「専任アドバイザー」という。）、カウンセラー、学生ピア・アドバイザーであり、組織的には全学的なセンターまたは学科単位

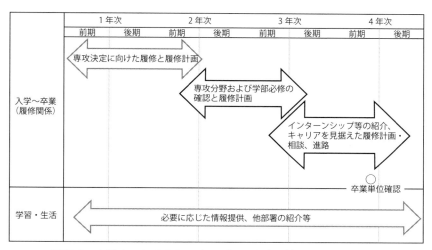

図序-2　在学中のアカデミック・アドバイジングのイメージ

で構成される。その実施形態・方法には、アドバイング実践者と1対1あるいはグループによる面談、電話やメール、Facebook、Twitterも含むインターネット利用がある。これに加えて、学生全体に関わる履修手続き等の説明の際は、ガイダンスやオリエンテーションを開催し、一斉に情報を提供する。また、個々の学生に対して、アドバイジング実践者が割り当てられる場合と任意にアドバイジングを受ける場合とがある。

　アカデミック・アドバイジングは当初、学生支援業務の一部として機能していたが、必要に応じてその機能は分化した(保坂, 2000)。このような経緯から、学生支援に関する二つの専門職団体、すなわち、全国学生担当管理職員協会(National Association of Student Personnel Administrators 以下「NASPA」という。)およびアメリカ大学学生担当者協会(American College Personnel Association 以下「ACPA」という。)では、現在でもアドバイジング活動は学生支援業務の中に位置づけられている。しかし近年、アカデミック・アドバイジングは、履修選択等の学習に関わる支援・助言を主として提供していることから、学生支援業務の枠内に留まるものではなく、学生支援と日本でいう教務の両方の要素を持ち合わ

せた特色を有する業務と見なされ始めている。この点については、組織における指揮命令系統に注目して後述することにしたい。

ところで、アメリカの大学で行われている取組みに「学習支援（Learning Support）」がある。それは、1年生（新入生）を主たる対象とするFirst Year's Experiences（初年次教育）、教科学習の補強を目的としたLearning Support[9]（学習支援）、Writing Support（ライティング・サポート）などを含む学習支援活動である。

しかし、本書でいうアカデミック・アドバイジングは個別教科の学習に対して行う支援ではなく、学生自身の主体的な将来設計（career design）とその遂行に関わる相談・支援を指している。履修や学習計画に関連して様々な支援が行われており、必要に応じてキャリア・センター等の担当部署との連携が図られている[10]。たしかにそこだけを見れば、アカデミック・アドバイジングは日本の大学でいう教務課やキャリア・センターが担っている業務と同じものに映るだろう。しかし、アメリカではアドバイジングの継続的な実施を支える組織が、大学内に独立した部署として設置され、その業務を専任する専任アドバイザーが配置されている。この点が日本との最大の違いである。さらに、日本とは異なり、これらの実践を補助する専門職団体が組織化されていることも特筆すべき点である。これについても後述する。

次に、アメリカにおけるアカデミック・アドバイジングの輪郭をより明確化するために、日本の学習支援と比較しておきたい。

日本の学習支援の取組みは大きく分けて、「①学習に関連する情報の提供」「②個別科目に関わる援助」「③履修指導・相談」「④学生の学習を促す環境整備」の4つがある（**図序-3**）。なかでも中心は「②個別科目に関わる援助」である。このことは、日本学生支援機構が実施した「大学、短期大学、高等専門学校における学生支援の取組み状況に関する調査（平成22年度）」の結果からも明らかだろう[11]。ただし、これまでに認知されていたような具体的な技法や知識の提供だけではなく、相談や指導といった形で個別学生の心理的状況まで深く関与する支援を各大学の実態に即して実施することが求められている（日本学生支援機構, 2011）。その背景には、大学で何を学んでよいのかを理解せ

ず、大学生活においても自己確立を遂げていない学生の存在があり、大学の重要な課題は彼らの「学問の志」を回復することにある(寺﨑, 2002)という意識の深まりがある。日本においても、アメリカで行われているような広範なアドバイジングの領域が必要とされ始めているのである。

アメリカにおけるアカデミック・アドバイジングは、学生の学習・将来目標に関わる支援を行う総合的な履修相談であり、**図序-3**の「①学習に関連する情報の提供」および「③履修指導・相談」に当たる。つまり、アカデミック・アドバイジングは、学習支援の一部に当たる。ただし、その位置づけと実践の理論的基盤は日本のそれとは異なる点を強調しておかねばならない。

現代のアカデミック・アドバイジングは単なる学生へのサービスではなく一つの教育過程(teaching process)と位置づけられている(Thurmond and Nutt, 2009)。そのため、アカデミック・アドバイジングの専門職団体[12]である全国アカデミック・アドバイジング協会(National Academic Advising Association 以下「NACADA」という。)は、各大学に対して、アカデミック・アドバイジングによる学生の学習成果を測る指標を規定し、評価の実施を推奨している。この提言を実践すれば、正課および正課外学習に関する支援であるアカデミック・アドバイジングは、高等教育の1プログラムとして質保証の一翼を担うとも考えられる。

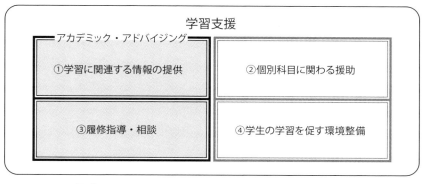

図序-3　アカデミック・アドバイジングと学習支援

事実、アカデミック・アドバイジングは学生の能力や興味を向上させることを目的としたプログラムである。そこでは、個々の学生の必要に応じて、関連する部署への紹介、関連する情報や資料の紹介・提供なども行っている(Crockett, 1987)。上述したように、教育過程として位置づけられるアメリカのアカデミック・アドバイジングには、学生支援による底上げ的な高等教育の質保証の実現が念頭にある。このような発想は日本の学生支援にはあまりみられない。

　さらにアカデミック・アドバイジングはその実践の基礎に長年の理論研究が蓄積されている。主流の理論としては、発達的視点に立つアカデミック・アドバイジング(Developmental Academic Advising)がある。この理論では、次のようにアカデミック・アドバイジングを捉えている。すなわち、アカデミック・アドバイジングは、学生の課題を尊重し、アドバイジング実践者とアドバイジングを受ける者(学生)との間で活発な関係を結び、双方向的なパートナーシップを重視した支援である(O'Banion, 1994)。また、大学キャンパスや地域コミュニティにおいて、学生が必要とする情報媒体・資源を最大限に活用し、学習、キャリアあるいは個人的な目的の達成を支援する(Winston, Ender, Miller, and Grites, 1984)。アカデミック・アドバイジングに関する責任はアドバイジング実践者とそのアドバイスを受ける学生双方が負っている(Frost, 2000)。

　これに加え、近年では学習者中心のパラダイム理論がアカデミック・アドバイジングにも取り入れられてきている。またアカデミック・アドバイジングにはカリキュラムと教授法が設定されている。その基礎的なカリキュラムは、学生の学習を促進するために次の3つの項目を含んでいる。それは、①大学のミッション、②低次および高次による思考技術、③大学のミッションとして掲げられている目的の達成である(Hemwall and Trachte, 2005)。この理論は、アカデミック・アドバイジングの基本的な前提として、NACADAによって示されている(NACADAについては、本書第2章、第4章を参照)。

　このように、アメリカのアカデミック・アドバイジングは、日本の学習支援と重なる部分はあるが、その実践の位置づけや理論的な部分は独自の展開

と発展を遂げている。そこから日本の大学が学ぶべきことは決して少なくないのである。

第3節　アメリカにおける先行研究と本研究の課題

　第1章以下では、アカデミック・アドバイジングの歴史、その制度と現場の実践、専門性の現状を明らかにしていく。本節では、それぞれの論点に関連した先行研究を整理し、本書で取り扱うべき課題を明示する。

　第1に、アカデミック・アドバイジングの歴史については以下のような注目すべき研究がなされている。ハーバード・カレッジの創設年(1636年)から1990年までを、アドバイジングの定義と評価の有無という観点から分類し論じたもの(Frost, 2000)、アカデミック・アドバイジングの専門職団体であるNACADAに着目し、その創設から現在に至る活動をまとめたもの(Gordon, 1998; Beatty, 1991; Thurmond and Miller, 2006)、アカデミック・アドバイジングの変遷およびNACADAの活動を時系列でまとめたもの(Cook, 2009)である。これらの研究は、アメリカの高等教育を取り巻く社会あるいはその歴史的な変化を踏まえ、アカデミック・アドバイジングの内容面における発展を中心に論じている。

　第2に、アカデミック・アドバイジングの実践組織に関する研究のうち、特に評価すべきは、ACTによる6回の調査(1979年〜2003年)の実施と、その調査結果を分析したハブリーとモラリス(Habley and Morales, 1998)のアカデミック・アドバイジングの組織分類および組織に影響を与える要因(King, 2008)についての研究である。というのも、アカデミック・アドバイジングは各大学機関による独自の取組みであり、その組織モデルの影響は限定的であると考えられ、従来組織に対する注目は払われてこなかった(King and Kerr, 2005)からである。ハブリーらの研究の後、組織研究はさらに発展し、上述の設置形態による特徴を整理した研究(King, 2008)や、組織とアドバイジングの主たる実践者である教員と専任アドバイザーの長所および短所について、特に初年次学生に対するアカデミック・アドバイジングに焦点を当てて分析したものも

ある(山田監訳, 2007)。これらの研究は、組織とアドバイジング実践者との関係に注目し、1990年代以降のアドバイジング研究を牽引している。

　第3に、アドバイジングの担い手についてである。アドバイジング実践者の役割(Kuhn, 2008)、責務、必要とされる能力・条件(McMahan, 2008)、新人アドバイザーの業務(Miller, 2002)に関する研究が見られる。また、教員あるいは専任アドバイザーがアドバイジングにおいてそれぞれ担っている機能や役割に焦点を当てた研究も行われている(O'Banion, 1994; Hemwall, 2008; Kramer, 1995; Tuttle, 2000)。さらに、教員と専任アドバイザーの協働によるアドバイジング実践の円滑運営を目指した意欲的な研究(Krush and Winn, 2010)もある。その一方、教員批判とも受け取られる指摘(Schulenberg & Lindhorst, 2010)やアドバイジング業務の特性により教員によるアドバイジングの有効性(Montgomery, 2010)を指摘している研究も見られる。以上のように、実践者に関する研究では、アドバイジング実践の概要に加え、教員と専任アドバイザーそれぞれの担当内容や課題に関する全般的な整理が行われている。

　第4に、アカデミック・アドバイジングの専門性に関する注目すべき研究としては以下のものが挙げられる。専門性に関する先行研究を時系列で整理した研究(Gordon, 1998)、あるいは、アカデミック・アドバイジングが専門的職業になるための要素として、「政策方針(policy statement)」「アドバイジングの効果測定」「研修と評価(evaluation)」「認知と報酬(recogution and reward)」の4点を提示した研究(Kerr, 2000)も見られる。そのほかに、アカデミック・アドバイジングの専門性のレベルを調査した研究(Habley, 2009)も存在する。アカデミック・アドバイジングを社会学の視点から歴史的に整理した研究(Shaffer, Zalewski, and Leveille, 2010)も見られる。いずれも、アカデミック・アドバイジングは、未だ専門職の段階に至っていない、との見解を残している。これらの専門性に関する研究では、専門職としての位置づけへの追求は行われているものの、専門性の構造に関する詳細な検証は行われていない。ただし、学生支援に関する専門性の研究の流れに即して、他の職種や理論等との比較を中心とした研究は行われてきている。

最後に、学習成果とその評価に関しては、アカデミック・アドバイジングと学生の満足度や在籍継続率との関係性に注目した研究(Cuseo, 2002; Nutt, 2003a)や評価結果の活用により効果的なアカデミック・アドバイジングの開発を行うという研究(King and Kerr, 2005; Grites, 2000)が見られる。教育目標に即した成果を設定し、アセスメント・サイクル[13]を提唱している研究も見られる(Maki, 2004)。さらに、評価項目の設定や評価内容および評価の公表に関してより具体的な研究も行われている(Cuseo, 2000)。このように、特に2000年代に入りアカデミック・アドバイジングの評価および学習成果を示すことの重要性が認識されている。

　以上、アカデミック・アドバイジングに関する注目すべき先行研究の成果について概観してきた。ここには、以下のようないくつかの課題が見られる。

　アカデミック・アドバイジングの歴史に関しては、アドバイジング実践者の変遷を整理したものと、近年(1990年代以降)の動向を整理したものは見当たらない。次に、アドバイジング実践者に関しては、一般に専任アドバイザーと教員の行っている内容について住み分けが行われていると言われるが、学内ではどのような切り分けがなされているのかについては具体的に明らかにされていない。またこれらの職務を担っているアドバイジング実践者の専門性に関する言及は見られるものの、具体的にどのような専門性が必要とされ、どのように担保されているのか、について検討を加えるものはない。以上を踏まえ、本研究では以下の課題を設定し、分析と考察を加えていきたい。

1　アメリカ高等教育においてアカデミック・アドバイジングの果たしてきた役割を、実践内容とアドバイジング実践者の変遷を把握した上で1990年代以降の変化も含めて整理し直す。
2　組織形態について特に近年における変化の動向に注目しつつ整理を加える。
3　アカデミック・アドバイジング業務の専門性について、アメリカにおける研究の到達点を検証し、専門性がどのように公示され、専門的能力がどのように養成されているかを確かめる。
4　専門職団体の取組みを明らかにする。

5 学内における教員と専任アドバイザーの専門性の分担を明らかにする。

研究方法としては、①アメリカの高等教育、特にアカデミック・アドバイジングに関する先行研究のレビューを行い、②同時にACT調査等の各種の資料や文献を調査・分析し、③アカデミック・アドバイジングの専門職団体や関連する団体による活動を文献調査・見学・インタビュー等を通じて観察するとともに、④訪問調査を行ったアメリカ4大学の現状を整理・報告する。⑤また、アメリカの専門職と日本の大学職員との対比に関しては、著者が所属した大学教育学会課題研究グループ(研究代表者：佐々木一也)による調査結果も必要に応じて活用する。

第4節　本書の構成

はじめに図示してみよう。

```
┌─────────────────────────────────────────┐
│ 第1章：アカデミック・アドバイジングの歴史と展開 │
└─────────────────────────────────────────┘
     │
     ├──────────────────────────┬──────────────────────────────────┐
     │                          │                                  │
┌─────────────────────┐   ┌─────────────────────────────────┐
│ 第2章：アカデミック・  │   │ 第3章：アカデミック・アドバイジングの │
│   アドバイジング     │   │   　　現場を訪ねて              │
│   制度の現状と課題    │   │   －4大学の組織・担い手・研修－   │
│ 使命（ミッション）と目的│   │ 現状と課題の検証                │
│ 成果と評価           │   │ 使命（ミッション）と目的、機能、内容、│
│ 実践組織と担い手      │   │ アドバイジングの担い手、組織形態、成 │
│                     │   │ 果と評価など                     │
└─────────────────────┘   └─────────────────────────────────┘
     │
┌──────────────────────────────────────────────────────┐
│ 第4章：アカデミック・アドバイジングの専門職性とアドバイザーの専門性 │
│   アドバイジングの専門職性                              │
│   アドバイザーの専門性                                 │
│   専門職性および専門性の確保への取組み                    │
└──────────────────────────────────────────────────────┘
     │
┌──────────────────────────────────────────────────────┐
│ 終章：要約と日本への示唆                                │
│   米国の高等教育におけるアカデミック・アドバイジング制度    │
│   日本への示唆と今後の研究課題                          │
└──────────────────────────────────────────────────────┘
```

第1章では、アメリカの大学におけるアカデミック・アドバイジングの歴史的な展開について、関連する文献・資料を比較検討しながら明らかにしていく。すなわち、アカデミック・アドバイジングの歴史を「前期」「誕生期」「普及・発展期」「質的転換期」の4つの時代に区分し、アメリカ高等教育を取り巻く全体的な情勢や変化と各時代の学生のニーズと関連させつつ、その発展・変遷の過程を描いていく。併せて、ここでは、アカデミック・アドバイジングの実践者や組織の変遷についても明らかにする。

　第2章では、現在のアカデミック・アドバイジング実践の現状と課題について明らかにする。取り上げるのは、アカデミック・アドバイジングの使命（ミッション）と目的、成果と評価、実践組織と担い手である。先行研究や専門職団体等による言及、アカデミック・アドバイジングに関するACT調査結果、関連する言及を比較・検討し、アドバイジング実践者と組織形態の特徴を明らかにする。

　第3章では、前章までに明らかにした課題を中心として、アカデミック・アドバイジングの現状について個別大学への訪問調査から考察する。調査は、アメリカの東西に位置する研究大学型（カーネギー分類）の文系および工学系の公立大学の4大学、カリフォルニア大学バークレー校の文理カレッジと化学カレッジ、カリフォルニア大学サンディエゴ校のアール・ウォレン・カレッジ、コロラド大学ボルダー校の工学系学科、ウエスタン・イリノイ大学を対象とし、アカデミック・アドバイジング・センターと学科においてアドバイジングに携わっている人材に、それぞれインタビューを行った。これらを基に、研究大学における文系、工学系と「学科」と「センター」の二つの組織によるアカデミック・アドバイジングの実態を明らかにする。

　第4章では、アドバイジングの専門職性の到達段階を一般的に専門職として認知されている伝統的な専門職（医師、聖職者、弁護士）に必要とされる条件を用いて検証する。次に、アドバイジング実践者に求められる専門性について先行研究および専門職団体の定義を用いて明らかにした上で、採用時に求められる程度を解明する。さらに、アドバイジングの専門職性および専門性

の確保に向けた取組みについて、専門職団体NACADAの取組みを中心に明らかにする。

終章では、これまで論じてきたアメリカのアカデミック・アドバイジングの機能と専門性に関して総括し、日本の高等教育への示唆並びに本研究の課題を提示する。

注
1 アカデミック・アドバイジングの業務は、主として履修に関わる様々な助言・相談等を行う支援である。「履修に関わる総合的な助言」と認識されるが、より原語に近い訳語として筆者はこれまで「学習助言（アカデミック・アドバイジング）」を用いてきた。本書では、「アカデミック・アドバイジング」を用いることとする。なお、"academic"は特に「高等教育での学習」の意味を持つ。
2 2005年のアメリカの中途退学率は53％（河本, 2009）である
3 アカデミック・アドバイジングは、2年制か、4年制か、公立か、私立か、コミュニティ・カレッジか、研究大学か等の大学分類に関わることなく、多くの大学で実践されている。
4 成人の学歴別所得別による年間純所得（アメリカ）
　高等教育修了者と後期中等教育・中等後教育（除高等教育）の賃金格差は**図序-4**に示すとおり、性別による差よりも、男女計の学歴による差が大きい。

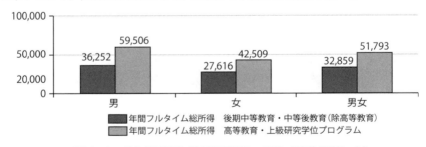

図序-4　成人学歴別年間純所得（25〜64歳：米国）（単位：＄）
（OECD インディケータ（2011版）より作成）

5 学歴による①年間純所得、②就業率、③失業率は次のとおりである（OECDを参照）。

①学歴による年間純所得（男女計）の差

アメリカ、イギリス、ドイツ、日本の年間所得を**図序-5**に示した。後期中等教育・中等後教育（除高等教育）を100として、高等教育との所得の差は、アメリカ（79％）、イギリス（59％）、ドイツ（57％）、日本（48％）であり、アメリカの学歴による所得格差は大きい。

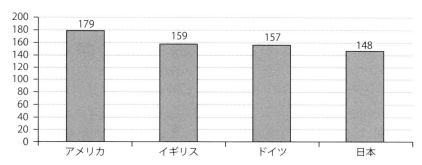

図序-5 年間所得（男女計）（後期中等教育・中等後教育（除高等教育）を100とした学歴別相対所得）（年齢：25～64歳）（OECD：2009年所得）

（OECD インディケータ（2011版）より作成）

②学歴別就業率

アメリカの後期中等教育・中等後教育（除高等教育）と高等教育の学歴別就業率の推移は以下のとおりである。

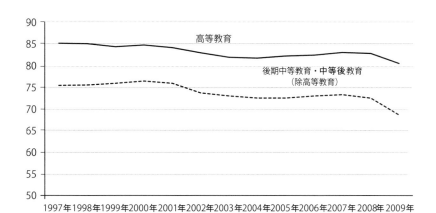

図序-6 学歴別就業率の推移（1997～2009年）（％）

（OECDインディケータ（2011年版）より作成）

就業率に関しては、12年間を通じて高等教育修了者が後期中等教育・中等後教育（除高等教育）修了者よりも、10％程度高い。

2009年の他国の学歴別就業率は次のとおりである。イギリスでは、高等教育後の就業率は、84.5％であるのに対して、後期中等教育・中等後教育（除高等教育）については78.3％である。ドイツにおいては、高等教育後の就業率は86.4％、後期中等教育・中等後教育（除高等教育）は、75.5％である。日本の高等教育については、2009年79.4％であるのに対して、後期中等教育・中等後教育（除高等教育）は、75.3％である。

3カ国とも高等教育の方が後期中等教育・中等後教育（除）高等教育よりも就業率は高い。学歴による就業率の差（2009年）は、日本やイギリスでは6％程度であるが、ドイツ10.9％はアメリカ11.9％とほぼ同程度である。

③失業率

失業率（2009年）についても、高等教育と後期中等教育・中等後教育（除高等教育）の差は、アメリカ4.9％、ドイツ3.6％、イギリス2.3％、日本2.3％の割合で、高等教育修了者の失業率が低く、特にアメリカではその差が大きい。

これらの4カ国の比較から、その比率に差はあるが、年間純所得、就業率、失業率のいずれも高等教育修了者が優位な傾向にある。しかもアメリカはその差が大きい。そして、高等教育への進学率については、アメリカは他国よりも突出して高い。

失業率に関しては**(図序-7)**、僅差の場合（1999～2001年）もあるが、後期中等教育・中等後教育（除高等教育）修了者の失業率の方が高い。2009年には後期中等教育・中等後教育（除高等教育）の失業率が9.8％であるのに対して、高等教育修了者はその半分の4.9％となっている。これらのデータから高等教育修了者は中等後教育修了者よりも、優位であると認められる。

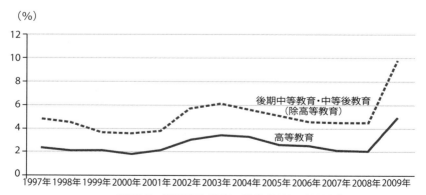

図序-7　学歴別失業率の推移（1997～2009年）
（OECDインディケータ（2011年版）より作成）

6 「よりよい職業に就く」は67.6％（1976年）、85.9％（2011年）であり、年ごとに高まっている。
7 アメリカの大学では、在学年数で、学年が決まるわけではなく、修得した単位で進級が決まる。そのため、4年卒業や6年卒業も見られる。ここでは、日本の大学事情に比較できるよう4年卒業による学年進行でアドバイジングのイメージを作成している。
8 通常、アカデミック・アドバイジングの担い手は、教員、アドバイジングを専任に担う専任アドバイザーやカウンセラー、学生アドバイザーであるピア・アドバイザー、アドバイザー補佐である。本書では、特に断りがない場合は、アカデミック・アドバイジングの担い手の総称として「アドバイジング実践者」という用語を用いる。
9 Learning Supportは、学生の出席、在籍継続、学習、成績に貢献する大学の所定プログラム内容を超えた活動である。http://www.lsche.net/about/def_lsc.htm
　日本における学習支援とは、「高等教育機関において、学生が教育課程を効果的に遂行するために整備された総合的な支援体制。履修指導や学生相談、助言体制の整備など」と定義されている（『高等教育質保証用語集』独立行政法人大学評価・学位授与機構）。
　谷川ら（2012）は、学生支援を「学力的に十分ではない学生に対して、高等教育機関によって組織的・個別的に提供される支援プログラム・サービスの総称」であり、入学前や一年次に限定されることなく、大学院も含めた学修期間全体をカバーするものとしている。このように、学習支援の内容は多岐にわたっている。
10 就職活動に関わる支援はキャリア・センターが担っている。
11 本調査は、大学が学生の学習を支援するための取組みについて尋ねたものである。学習支援センターにおける個別指導（No.9）のほかにも、学習に関わる支援のための授業や講座の設置（No.2, 4）や人材配置（No.6, 7, 9）が行われている。

(n=727)

	学習支援の取組み内容	導入実施率
1	成績優秀者に対する表彰（学長賞など）	71.0%
2	学習スキル（レポートの書き方など）のための授業や課外の講座を開設	60.9%
3	入学前教育の実施	59.7%
4	高校段階の知識を学ぶための補習講座の開設	33.4%
5	学習相談窓口の設置（何でも相談や教務系の事務窓口以外）	32.3%
6	上級生・大学院生による学習サポーターの設置	28.1%
7	学習支援センター等における個別指導	27.4%
8	（学生が作成する）ポートフォリオの導入	14.9%
9	学習支援担当の教員を採用	14.0%
10	優秀な成績や良好な出席に対するポイント制度の導入（いわゆる学習マイレージ）	2.3%

(JASSO, 2010)

12 本書では、専門職団体について、専門性を持った同じ職業に従事し、職業に関して基準を作成、維持し、共通の利益を追求する団体として取り扱う。
13 NACADAアセスメント研究所（Assessment Institute）は、Maki（2002, 2004）のアセスメントのサイクル（下図）を一つの重要な要素として紹介している。

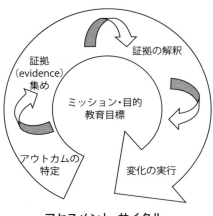

アセスメント・サイクル

第1章　アカデミック・アドバイジングの歴史と展開

　本章では、現代のアカデミック・アドバイジング制度をより深く理解するために、アメリカの大学におけるアカデミック・アドバイジングの歴史を整理する。関連文献・資料を比較検討しながら、アドバイジングの担い手やアドバイジングの内容、そして担い手に専門性が求められるようになったプロセスについて、各時代の社会的背景や高等教育を取り巻く環境の変化といった点に注目しながら明らかにしていきたい。

　専門性が求められていく過程で、担い手にも変化が生じていることについても以下明らかにしていくが、その変化こそが、アカデミック・アドバイジング業務とその役割の生じた状況を明らかにする有力な手がかりになるということも、解明したい点である。

　本章では、アメリカ高等教育の始まりといわれるハーバード・カレッジの設立(1636年)から現代に至るまでを4つの時代に分け、それぞれの時代の特徴を整理することから議論を始めたい。主として教員と専任アドバイザーに焦点を絞り、アドバイジングの担い手の役割やアカデミック・アドバイジングの実践内容について、それらに影響を与えた社会的背景および高等教育の特徴に注目しながら、議論を展開していく。

　第1節では、アカデミック・アドバイジングが確立されていない時代(Frost, 2000)、つまり「前期」を取り上げ、後に確立の契機となった学生支援の存在とその出現要因を明らかにする。植民地時代のカレッジから始まり、州立大学や女子大学等が設立されていく中で、その時代の学生の特徴や特質と支援内容について述べる。

第2節では、アカデミック・アドバイジング制度の「誕生期」として1870年代から1910年代を取り上げる。カリキュラムの選択制度を導入したハーバード大学や、研究を重視したジョンズ・ホプキンス大学で導入されたアカデミック・アドバイジングはやがて全米に広がっていった。その要因の分析が主な課題である。

　第3節は、教員によるアカデミック・アドバイジングが確立して各大学に普及していくプロセスおよびアドバイジング内容の発展に着目する。いわば「普及・発展期」である。この時代、大学に入学する学生の多様化と学生数の増加が進んだことで、大学内教員の業務やその関心にも変化が起こり、教員を補助する職としてのカウンセラー、続いて専任でアドバイジングを担う専任アドバイザーが登場した。カウンセラーや専任アドバイザーの登場によって、新たな業務も加わる。このようなアドバイジングの普及と発展のプロセスを論じていく。

　第4節では、入学年齢が18歳の学生数の減少が危ぶまれた1970年代から現在までを取り扱う。アカデミック・アドバイジングの担い手として、従来の教員に加えて専任アドバイザーが増加し、アカデミック・アドバイジングが質的な転換点を迎える時代である。他の学生支援業務と同様に発達的理論がアドバイジングの中心的な理念として取り入れられ、現在における理念や組織の確立に影響を与えている。さらに、専門職団体の創設等により、各大学におけるアドバイジングの実践がこれまでよりもさらに専門的に行われるようになってきた実態を解明する。

第1節　前期（～1860年代）

(1) 植民地時代——学長による親代わり

　アメリカにおいて高等教育は、周知のように、国そのものの設立（1789年）前からすでに行われていた。植民地時代にはハーバード（1636年）、ウィリアム・アンド・メアリー（1693年）、イェール（1701年）などの13カレッジが設立

された。その設立の目的は、教育を受けた聖職者の養成、知識を有し学問による訓練を受けた指導者、公務員の養成にあった。学生たちに「よき学識と作法を授ける敬虔な教育を与えることが保障されなければならない」とウィリアム・アンド・メアリー・カレッジの設立認可書に記されていた（ルドルフ, 2003）ように、この時代において、よりよい学習機会の提供とともに、作法を重視した教育も求められていた。

　ハーバード・カレッジをはじめとするこの時代のカレッジに通う学生は、裕福な家庭の子息であった。カリキュラムは古典的カリキュラムを用いた神学中心であり、卒業後、彼らは聖職者や政府高官などの職に就いていた。カレッジは、いわゆるエリート学生のための教育を提供する場所であった。

　当時の教育は教養ある人間の養成、つまり全人的な人間の発達をめざして、学生の人格形成と認知的な技能の獲得を目的としていた。そのため、カリキュラム構成は、古典（ギリシア語、ラテン語など）、中世3学（文法、修辞、論理）、4科（算術、幾何、音楽、天文）を踏襲した古典的なものであり、学生による科目選択の余地はなく、復誦が唯一の教授法だった（Kuhn, 2008; 潮木, 1993）。

　教育方法はクラス制を導入しており、クラス担任のもとでクラスの学生全員が、同一の必修カリキュラムを1年間学んだ（仲, 1979）。とはいえ、復誦中心の教育はしばしば学生たちからの反撥を生んでいた（潮木, 1993）。加えて、厳しい全寮生活が義務づけられていたことから教員による管理は厳しく、それに反抗する学生も一部に見られた（Frost, 2000; Thelin, 2003）。

　この当時、アカデミック・アドバイジングは制度的には確立していない。しかし、学長が学生の生活および学習を支援する役割を担っていたと言われている。18世紀後半の大学のミッションは、学生の精神を救い、彼らの私生活を導くこととされ、これに対応すべく、学生たちが課外での活動、モラルある生活、そして知的な習慣を実践するようにアドバイジングが行われた（Cook, 2001）。また、学生の修学に関して、保護者への説明責任を負っており、学生たちの状況を把握するために、学生たちと接しやすい環境を作っていたと言われる（Levine, 1981）。この頃は教員や学生の数が少なく、全寮生活の中

で、学長は学生の「親代わり(in loco parentis)」となる役割を務めた(Cook, 2001)。

　学長がアドバイジングを担った背景には、上述した保護者への説明責任のほかに、ハーバードの例にみられるように、教員は年齢も若く、しかもその地位が不安定であったこと、その数は2、3名と少なく、教員職自体が牧師になる前の腰掛け程度に位置づけられていた状況(仲, 1979)が挙げられよう。やがて評議会の有力者に支えられ、学長の学内での役割が大きくなるとともに、管理体制が整えられはじめ、アカデミック・アドバイジングの担い手は教員へと移っていった。

(2) 独立戦争後——変化するカリキュラムと学生

　独立戦争(1775〜1783年)後、それまでの植民地政府に代わって、州政府が高等教育を含む教育の設置認可と監督責任を新たに持つことになり、それが州立大学を生みだす基盤となった(金子, 1994)。これまでのイギリスの大学流儀を封印し、フランスの影響を受けることとなる。フランスは、近代的な言語と教師教育の研究の先駆者であった。そして、フランスの考え方は、バージニア州立大学を設立したジェファーソンにも影響を与えたとも言われている(Levine, 1981)。また、フランス的な自由な無神論が学生たちに受け入れられ、勝手に集会を行うなど、時には手に負えない状況もあった(Levine, 1981)。

　学生の多様化はこの時代にはじまっており、聖職につくことが目的であった従来の大学への入学目的は、多岐にわたることとなる。独立戦争後の大学は中流階層の家族たちにとって魅力的な存在となっており、その息子たちも高等教育を受けるようになっていった。彼らは主として商家の出身だったが、高等教育は彼らにとって卒業後に父親の身分や仕事を踏襲するためだけではなく、そこから出世するための手段としても認知されるようになったのである(ルドルフ, 2003)。

　その後、ハーバード・カレッジでは科学を本格的に取り入れるなど新たなカリキュラムを導入していった。フランスの影響を受けた他大学のカリキュラムにおいても、現代語や教師教育に加え、政治的理論や反宗教的精神が加

えられていく。この頃のカリキュラムは新たに実利主義を重視している。たとえば、ウィリアム・アンド・メアリー・カレッジでは法律学や治安研究、解剖学、医学や科学などを取り入れようとしていた。また、キングス・カレッジ(後にコロンビア大学と名称変更)では、学生に求められる諸機能を果たせるように経済学、自然史やフランス語の導入を図った(ルドルフ, 2003)。このように、カリキュラムは植民地時代の伝統的なものから実務的なものへと移行されていく。

　1820年から約1世紀にわたり、アメリカからドイツの大学へ留学する若者が増加した。ドイツ留学からの帰国者は、留学先での経験を教員としてアメリカの高等教育に持ち帰ってくることとなる(潮木, 1993)。フランスに続き、アメリカの高等教育はドイツの影響を受け、教育中心だった大学も研究を重視していく。ドイツからの帰国者を教員として雇い入れたハーバード大学では、カリキュラムそのものにはあまり変化は見られなかったが、授業の実施方法に変化がみられた。これまでの復誦を中心とした授業に代わり、"講義形式"を取り入れるようになった。

　学生は、厳しい学生寮生活の中で反抗的な態度をとることもしばしばあり、学長や教員が学生の反乱を防ぐために見張ったという事例もある。復誦の授業に対する反発から集団でサボタージュすることもあった(潮木, 1993)。その一方で、ドイツ流の講義形式を取り入れた授業においても、無気力な姿が見られた。学生たちは、それまでの伝統的な授業形態では予習(復誦)を必要とされたが、講義ではただ座っているだけでよかった。伝統的なカリキュラムの改革時には、復誦中心の教育体制で学習意欲を失い、無規律な生活を送っている学生に対して、徹底的に監督するようにという主張が行われてもいる(潮木, 1993)。

　学生層の多様化はこの時代も進んだ。南北戦争(1861～1865年)後のアメリカ社会は、物質的な豊かさの増進、生活水準の向上、産業化、都市化の伸長といった時代を迎えつつあった。このような時代背景のもと、女性、農民、機械工など高等教育を熱望する多数の中産階級の学ぶ権利が認められるようになっていく(ルドルフ, 2003)。それ以前は、大学教育の対象は男子学生に限られ

ていたが、1830年に有力なリベラル・アーツ・カレッジの一つであったオーベリン大学が男女共学化により女子学生を受け入れ始めた。これ以降は女子大学の設立も進められ、高等教育は女子学生を受け入れるようになる。さらに1860年から1900年までの間、これまで除外されてきたアフリカ系アメリカ人が高等教育に参加するようになった(Thelin, 2003)。多様化は学生の年齢においても見られる。1880年に高等学校制度が整備されるまで、大学に入学してくる学生には年齢のばらつきがあり、最も極端な例の一つをみると13歳から35歳の子持ちの学生に及ぶほどその差は幅広いものであった(仲, 1979)。

また、モリル法(1862年)[1]の成立を機に、農学・工学といった実学中心の教育が広がり、州立大学やカレッジが次々と誕生していった。カリキュラムにはギリシア語、ラテン語、その他の伝統的科目の代替として、自然科学や近代外国語などの実用的な科目が含まれ始めた(Kuhn, 2008)。これらの大学では、学生数が増加し、女子学生も含め入学してくる学生の学習経歴や学習準備状況は多様化した。

1869年には、歴史の古いハーバード大学において、エリオット学長により、カリキュラムに選択制が導入された。選択制の導入目的は、学生に科目を自由に選択させることにより、個人的な興味のある分野で学生の勉学意欲・モチベーションを高めることであった(ルドルフ, 2003)。この時代、カリキュラムは大きく変化し、学生の多様化はさらに進んだのである。

歴史研究において、アカデミック・アドバイジングの嚆矢(1841年)と認められているのが、ケニヨン大学である。指名された教員が学習、社会、個人的な事柄について学生に"アドバイス"を与えていたといわれている(Levine, 1981)。"アドバイザー"という言葉が初めて使用され、アカデミック・アドバイジングがアメリカの高等教育に誕生したともいわれている(Cook, 2009)。しかし、その後ハーバード大学やジョンズ・ホプキンス大学でアドバイジングが開始され全国に広がるまで、アカデミック・アドバイジングが実施された記録はなく、この時代まではアカデミック・アドバイジングの未確定な時代だと考えられる。

第2節　誕生期(1870年代～1910年代)

(1) 選択科目制の導入

　アメリカの高等教育はますます普及していった。平等に教育を与えようとする社会的風潮の中で、女子カレッジや黒人カレッジが設立され、大学はより多様な構造をもつようになる。州立大学の設立も進み、学生数も増加の一途を迎え、1910年代半ばには州立大学は53校、学生数は13万人となった(Cook, 2001)。この増加の背景には、中等教育の普及と各州の教育体系の定着が挙げられる。

　研究型であるドイツモデルを取り入れた大学は、ジョンズ・ホプキンス大学、クラーク大学、シカゴ大学、イェール大学、ハーバード大学だと言われている(Thelin, 2003)。大学院は、大学院大学であるジョンズ・ホプキンス大学の創設(1876年)で始まり、そのほかにイェール大学、ハーバード大学等を中心としたドイツ型の研究を志す大学でも取り入れられた。モリル法により、研究と実践を担うウィスコンシン大学やマサチューセッツ工科大学がランドグラント大学[2](土地付与大学)として設立されている。これらの設立により自然科学が大学に定着し、また男女を問わず自由に学習できるようになった。

　研究型大学および大学院の登場は教員像にも変化を与えていく。これまでの伝統的なカレッジの教員は、教室内では学生がどの程度予習をしてきたかをチェックし、教室外では学生が校則に従って行動しているかを確認するのが役割であった。しかし、教員の第一義的な役割・関心も研究に向き始め、学生に目が向かない講義下手な教師が増えていった。また、最初から研究者になることを志して大学に入り、大学教員になる者が出てきたのもこの時代である。(潮木, 1993)

　他方、州立大学においては開放教育[3]、入学試験の合理化、学科科目の自由選択等を導入し、庶民のカレッジを目指す向きもあった。

　ハーバード大学ではじまったカリキュラム選択制度は19世紀後半から20世紀初めにかけてアメリカの主要な大学に広まった。加えて単位制度も導入

され、固定化した必修カリキュラムではなく自由に選択できるカリキュラムが主流となり、学生は卒業に必要な単位を修得することが義務づけられることになる。つまり、学生はカリキュラムの選択の自由とともに、自身で科目を選択しなければならないという責務を負うことになった。

カリキュラムの選択制の効果を上げるためには、カリキュラムそのものの多様化が先行しなければならならないことから、学部・学科が増加していくこととなり(梅根, 1975)、学生たちはその選択も行う必要が出てきた。

これらの新しい制度や目的に学生は必ずしも簡単に適応できるわけではない。ハーバード大学で導入された自由選択制による学生の学習意欲向上については、1900年代初頭に調査が行われている。それによれば、学生は1年生では1日3時間勉強をしていたが、学年が進むごとに勉強時間は減少し、4年生では1時間半しか勉強していないと報告されている。自由選択制の導入により、学生が入門編のような簡単な科目のみを履修するという弊害もみられた(Thelin, 2003)。

(2) 教員によるアドバイジングのはじまり

カリキュラムの選択制度への変更に伴い、混乱が生じたことは言うまでもない。規則に縛られていた学生の暴動などの学内騒動も起こっていたが、これを防いだのは1890年代から大学ではやり始めたフットボールだと言われている。学内騒動は、増加し始めていた専門的な研究者として自覚をもった教員と学生との軋轢だ、という解釈もある(潮木, 1993)。教員自身の専門を追究する研究型教員の講義に対して、学生たちの学習意欲は依然として高まっていなかった。ジョンズ・ホプキンス大学においても、その研究型授業についていける学生は少数のみであった。

この時代の学生たちは「遊び志向」が強かった。このような学生の学習意欲を向上させることが大学の課題となり、この学生のニーズに対応し、支援を行うために導入されたのが、アカデミック・アドバイジング制度である。

ジョンズ・ホプキンス大学では、哲学史の教員が主任アドバイザーとして

学長から正式に指名され（1889年）、学部生に道徳的な力を養わせるような教育を行ったとされる。これは学生たちの反抗的な態度への対応と考えられる（Gordon, 1992）。その十数年後、同大学は、学部生に対してグループ制を導入し、効果を上げるために、カウンセラーやアドバイザーとして一人の職員を配置した（Cook, 2009）。

　このように、当初はハーバード大学やジョンズ・ホプキンス大学などのエリート大学ではじまったアカデミック・アドバイジングは、全米の諸大学でも正式に導入されるようになった。学長から正式に任命された教員がアドバイザーの統括責任者としてアカデミック・アドバイジングへの責任を持つなど、アカデミック・アドバイジングは組織的な取組みとして確立された。アドバイジングの内容も選択科目の履修対応に加えて他の要素を含み始めている。たとえばブラウン大学では、大学教育の目的と展望を学生に伝えるためのオリエンテーションを、オーベリン大学では、初年次学生に将来の職業について考えさせるためのコースを設計し導入している。

　1890年代後半には、特に新入生に対するアドバイジングを行うフレッシュマン・アドバイザーや女子学生を専門に受け持つ人材が登場してくる。その後、アカデミック・アドバイジング制度は、ボストン大学をはじめ、徐々にアメリカの大学に広まっていった。新たに入学してきた女子学生に対しては女性のアカデミック・アドバイジング担当者が登場し、女子学生の学習の要求に対応するなど、柔軟な対応が目指されるようになっていく（Gordon, 1992）。

　また、この時期には、アカデミック・アドバイジングの実施形態にも工夫がなされている。学生たちの学習面での負荷を取り除くために、グループによるカウンセリング、ガイダンスやオリエンテーションが実施された。特に初年次学生へのオリエンテーションや履修指導、オリエンテーションを取り入れた英語の授業が実施されている。上級生に対しては、道徳的、知的な能力を身につけさせることを意識した対応のほか、カリキュラム選択のために学部ガイダンスや学習カウンセリングが行われている。

第3節　普及・発展期(1920年代〜1960年代)

(1) 学生数の増大と科学競争への対応

　その後も学生数は増加の一途をたどったが、その背景には政府や大学の政策が影響していると考えられる。1920年代後半に起こった世界大恐慌の影響により、大学は財政緊縮に取り組まなければならなかった。この時期、プログラムや人材その他の資源の不必要な重複を避け、それらを効果的に利用することにより、教育機会の拡大と改善をはかるコンソーシアムが形成されるようになる(金子, 1994)。

　そして学生数の増加により、学生支援の重要性がますます強く認識されるようになったことは間違いない。1930年代には、「助育担当業務(Student Personnel Work)」という言葉が高等教育に現れ始めている。学生のための教育的ガイダンスは、心理面や職業に関するカウンセリングも含まれていたが、定義としては未確立であった。しかし、アカデミック・アドバイジングは学生担当業務に端を発しており、「アドバイジング」行為を支える理念(Philsophy)は、学生担当業務のそれと類似のものと解釈されていた。その後、SPPV (Student Personnel Point of View)が1937年と1949年に発表され、アカデミック・アドバイジングもまた個々の学生に向けた重要不可欠な支援活動として、高等教育の中でその存在が確立されるのである。

　第2次世界大戦(1939〜45年)後には、帰還軍人が大学に通えるようにGI法(Government Issue Bill)[4]に基づいた政府の財政支援が行われた。その結果、225万人余りの帰還学生が約2000の大学に入学した(Cook, 1999)。彼らの多くは農学、工学、経営学、林学といった分野の専門職教育に進学した(田中, 1990)。1960年代には多くの州でコミュニティ・カレッジや2年制大学が設立され、入学者数はさらに増加した。

　1960年代から70年代には、大学進学人口が年率にして2％以上の伸びを見せ、第1世代、低所得者層、学習の準備不足の学生、障害をもった学生、再入学者、留学生などの非伝統的な学生が入学してくることとなる。また、短

期・パートタイムのように様々な就学形態を希望する学生も受け入れるようになり、結果として個々の事情に即した教育的配慮や履修計画を必要とする学生が増加した（Frost, 2000）。

しかし同時に、大学は、卒業できない学生が多数出現するという新たな課題を抱えることにもなった。在籍継続率や卒業率が大学全体の課題と見なされ、アカデミック・アドバイジングにおいても同様に受け止められた。多様化する学生への対応策として、アカデミック・アドバイジングがいよいよ強く必要とされていくこととなる（Cook, 2001）。

次に、アドバイジングの対象や内容にも影響を与えたこの時代の2つのカリキュラム改革を取り上げたい。

一つは一般教養に関わる改革である。一般教養教育の理念は大学の理念と結びついて確立されたと言われる。ハーバード大学の一般教育（general education）の理念に関する報告書では、一般教育は、自分自身を統制でき、自分で判断し、計画でき、他方ではおおらかな心情を持った自由な人間を育成する全人的な教育と位置づけられている（金子, 1994）。また、ほとんどの大学でリベラル・アーツの諸科目（あるいはコア・コース・プログラム）は選択科目として利用されている（ルドルフ, 2003）。20世紀以降、一般教育はアメリカの学部教育の主要な構成要素として位置づけられるようになったのである（江原, 2006）。

もう1つは、いわゆるスプートニク・ショックによる科学・技術系科目の充実である。1957年のソ連による人工衛星スプートニクの打ち上げ成功は、アメリカの高等教育にも大きな影響を与えた。政府は国防政策として科学・技術の発展をめざし、高等教育に直接予算を支出することになる。それは大学や大学院の学生に対する奨学金や貸付金、研究者に対する給費金、外国語教員の養成、研修費に当てられた（金子, 1994）。国策として財政支出がなされ、大学には優れた卒業生を輩出することが求められたのである。

(2) カウンセラー・専任アドバイザーの登場

さかのぼってみれば、第1次世界大戦（1914～18年）頃を境として、カリ

キュラム改革の流れと併せて、アカデミック・アドバイジングにも専門性が求められるようになった。教育に限定したアドバイジングを行うのではなく、学生の人格やキャリアをもその対象に含むようになった。また、カリキュラムの広がりによって、教員がカリキュラム全てを把握することは非常に困難となり、担当する授業への比重(負荷)はこれまで以上に増加した。このようなカリキュラムの複雑さの影響に加え、研究志向を強めた教員を補完するために、学生の人格(心理面)や職業(キャリア)に関するアドバイジングを行うカウンセラーが大学の組織に位置づけられるのである。

　州立大学を中心とした大学数の増加を背景として、大学への入学時点で準備の不足している学生を大学に適応させるために、フレッシュマン・オリエンテーションやセミナーなどが実施されている。このような新入生対象のいわゆる初年次教育は、在籍継続率を向上させることにも大きく貢献している(Cook, 2009)。

　このほかにも、非伝統的学生に対しては個別的な支援や学習支援が必要となり、専門的且つ広い意味でのカウンセリング[5]がさらに重要になった(Gordon, 1992)。そのため、アドバイジングにおいて、とりわけ学生の人格(心理面)に沿ったアドバイジング、職業(キャリア)に関するアドバイジング、学習に関するアドバイジングという3つの専門性が求められるようになった。20世紀前期から中期まではこれら3つは重なり合っていたと言われている(Cook, 2001)。

　こうした背景から、教育的、職業的な課題を的確に把握できる者がアドバイジングの実践に必要とされるようになった。例えば、オーベリン大学ではキャリア情報を学生に伝えるコースが開設されている(Cook, 2001)。その他にも、履修選択を支援し、学生と教員の間にある溝に橋をかけるアドバイザーの取組みが、各大学で実施されるようになった。しかし、アカデミック・アドバイジングに期待された、教員と学生の間に広がる溝を埋めるのは困難であった。

　アドバイジング実践者として、カウンセラーのほかに上級生を活用する制度が、スミス大学で1924年に導入されたという記録もある(Cook, 2001)。

　続いて1960年代には学習に関するアドバイジングを専門的に担う専任ア

ドバイザーが登場しはじめ、アドバイジング・センターの設立が始まる。アドバイジング・センターは専攻未決定学生や予備学生のシェルターとなった(Cook, 2009)。上述のとおり、この時代からアカデミック・アドバイジングの専門性について論じられるようになる。

　その背景には何があったのだろうか。1960年代は学生が様々な政治的主張を始めた、いわゆる学生運動の時代である。学生たちはこれまでの「親代わり」的な権威主義的あるいは干渉主義的な政策や態度の撤回を求めるようになった。具体的には大規模講義、代わりばえのしない履修選択、混雑している宿舎やキャンパスの急成長に起因する教員と学生との心理的な溝についての不満である。また、社会体制への不満も抱き、ベトナム反戦運動に参加する学生の中には暴動にいたる学生の存在もあった。

　学生の関心を再び大学に向かわせ、多様化した学生の満足度を高めるために、学生の科目選択を彼らの興味、知力、人格、社会的関心の面から専門的に支援する必要性が生まれた。そのため、アカデミック・アドバイジングは、学生の科目選択に対する不安を取り除き、卒業に導くという目的に加え、学生の素養や気持ち、態度も考慮するようになっている。授業のほかに課外活動が学生の成長に役立つ活動(たとえば、仲間意識、人格形成、幅広い才能を培うもの)と捉えられ、積極的に活用されていることも特筆すべき点であろう。

　この流れの中、専任アドバイザーが登場した。しかし、歴史的に長い期間、アカデミック・アドバイジングを担ってきた教員と新たに登場したカウンセラー・専任アドバイザーとの間には、当然、緊張関係(葛藤)が生まれていた。たとえば、教員がアカデミック・アドバイジングに長年取り組んできたアルフレッド大学では、専任アドバイザーが登場したことで、それぞれの担当するアドバイジングの内容が重複し、両者の間で亀裂が生じたという(Cook, 2009)。この緊張関係は1970年代以降もしばらく継続していくこととなる。

第4節　質的転換期(1970年代〜)

(1) 魅力ある大学と学習成果

　1970年代のアメリカ高等教育の課題は、引き続き学生の在籍継続率の向上と卒業率の低下の防止、加えて18歳で入学する学生数の減少への対応であった。これらの課題については、アメリカ連邦教育省や高等教育関係者による調査報告や提言がなされている。たとえば、アメリカ教育省長官の諮問機関であるThe National Commission on Excellence in Education（卓越した教育に関する国家委員会）がまとめた『危機に立つ国家』では、初等・中等教育の質の低下が問題視されているが、そのことが高等教育にも波及していることが指摘されている。また、アメリカ高等教育研究グループ（Study Group on the Conditions of Excellence in American Higher Education）による *Involvement in Learning*（『学習への参加』、1984年）では、高等教育の卓越性の条件として、評価とそのフィードバックを挙げ、学習成果を評価するために情報活用を徹底する必要性が提言されている（Schuh, 2008）。さらに、現代のアメリカ高等教育が抱えている課題については、スペリングス委員会報告書で「アクセス」「費用と費用負担」「奨学制度」「学習」「透明性と説明責任」「改革」の6項目に関する現状分析と提言が行われている。「アクセス」項目では、初等・中等教育と高等教育との接続の必要性のほかに、入学が認められた学生に対し、大学が学業上の成功に責任を持ち、大学に関する情報提供を改善することが提言されている。この報告は強制的なものではないが各大学に学習成果の向上を求めるとともにその評価を強いている（川嶋, 2008）。

　1990年代には、大学教育の質保証とアカウンタビリティが求められるようになり、2000年代にはスペリングス委員会報告の影響などから、教育成果・学習成果の向上への圧力が加わり、現在に至っている。その水面下で、大学の財政問題がさらに深刻化している点も忘れてはならない。

　減少するとみられていた学生数は、1970年から80年にかけて依然として増加していた。この大半は非伝統的な学生といわれる新しいタイプの学生で

ある。非伝統的な学生は、これまでの学生に比べて年齢、学力、進学動機、学習パターン、通学スタイル等で多彩であり、就学形態もパートタイム型が多く、高等教育全体の3分の1を占めていた(喜多村, 1996)。政府の教育機会均等政策や大学が経営的観点からマイノリティや成人学生を入学対象としたことも、その一因と考えられる。この頃から学生や保護者に消費者意識が芽生え、彼らも州・寄付者等の大学設置主体と並んで、大学に対してアカウンタビリティを求めるようになった。

　大学は、非伝統的な学生に対応するため、大学全体の政策課題として組織的に教育改革に取り組むことになった。大学教育を改善するために大学教員を再訓練し、学生にわかりやすい教授法や教材の準備、シラバスの作り方などを学んでもらうファカルティ・ディベロップメント(FD)が脚光を浴びた(江原, 2006a)。市場競争の原理が比較的強く働いているアメリカでは、学生の獲得のために、カリキュラムをさらに魅力あるものにすることも必要とされた(江原, 2006b)。その一方で、大学教育の水準を維持するためにできるだけ学力のある優秀な学生を獲得しようとしているのも事実である。

　1970年代のカリキュラムは、大学卒業者への労働市場側からの要求を受け、職業人の養成を使命とする方向に変貌していった。卒業後の就職が憂慮され、経営学や保健衛生、工学といった実学分野に人気が集まった(田中, 1990)。大学は、アカウンタビリティへの対応として、社会で認められる知識・技能をカリキュラムに取り入れている(絹川, 2006)。その結果、アメリカの学部教育は指導的な市民の養成、専門職業教育、大学院進学への準備教育という3つの機能を果たすものとなった。その典型的なカリキュラムは一般教育、専攻、自由選択、教科外活動の4つの要素で構成されていた(江原, 2006a)。また、体系的な教育を重視しており、カリキュラムの構成は標準化されていった。

　多様な学生への対応、学生確保および大学内での教育水準の向上という目的で、様々な学習支援が実践されている。たとえば、1970年代後半から多くの大学が初年次教育に積極的に取り組むようになった。また、補習教育も1980年代には全米の大学に普及した。

この年代におけるアカデミック・アドバイジングの取組みについて見てみよう。1976年の時点にはアカデミック・アドバイジングに積極的に取り組む担当者による情報交換を目的とした集会が初めて開催されている。1979年には、NACADAが設立され（Goetz, 2004）、実践的な視点からの研究が発展していくことになった。このような実践を支える理論でも変遷が起こっている。アカデミック・アドバイジングは学生の質問に回答する履修相談に留まらず、学生と密接な関係を築き、正課教育および正課外教育での教育機能を果たすものとして捉えられるようになってきた。いわゆる処方的アカデミック・アドバイジング（Prescriptive academic advising）から発達的視点に立つアカデミック・アドバイジングへの転換もその一例である。なお、発達的視点に立つアカデミック・アドバイジングについては後述する。

　1990年代にはカナダからもNACADAに加入する者があらわれた。アカデミック・アドバイジングの全米的な普及とともに、1998年には4,600名だった会員数は、2006年には9,100名、現在では10,000名以上と2倍以上に拡大し続けている。

　NACADAは、設立後、他機関との連携、アカデミック・アドバイジングに関する研究、アドバイジングの担い手への情報提供等の活動を行っている。一例を紹介すれば、全米教育図書館に対して、教育関係のデータベースであるアメリカ教育資源情報センター（Education Resource Information Center: ERIC）に"Academic Advising"という用語を検索データベースに加えるように働きかけ、1981年には掲載された。また、ACTと共同でアカデミック・アドバイジングに関する全国調査を実施し、実践面への寄与を目指している。さらに、学生関係のコンソーシアム組織である高等教育規準推進協議会（Council for the Advancement of Standards in Higher Education: CAS）に加入している。研究に関しては、アドバイジングと在籍継続率の関連性やアドバイジングの専門性について取り上げている。NACADAのそのほかの活動には、モノグラフシリーズやジャーナルなどの出版物の発行やアドバイジングの優秀者報奨、研修会の実施などである。このようなNACADAの活動により、アカデミッ

ク・アドバイジングの教育的開発機会の拡大やアカデミック・アドバイジングの理論が確立していくことになる。

　ところで、アカデミック・アドバイジングが学生の在籍継続に効果的な支援であるという調査・研究は、NACADA設立後の1980年以降、特に積極的に進められており、その効果も立証されている。NACADAのホームページでは、アカデミック・アドバイジングと在籍継続率の関係についての様々な論述が整理され紹介されている。たとえば、教員あるいは専任アドバイザーと学生の相互交流により、学生がその大学に継続して留まっている事例などがある。そのほかにも、大学の方針や手続き等について詳しい情報を提供するなど、個々の学生の事情を反映させたより細やかなアドバイジングが、学生のドロップ・アウトの防止に効果があることが明らかにされている。

　そして当時、アカデミック・アドバイジングに関する代表的な理論が登場している。"発達的視点に立つアカデミック・アドバイジング"である。これは、1960年から10年の間にアメリカの高等教育において急速に受け入れられた発達概念を基礎理論としたもので、オバニオン(O'Banion, 1994)とクロックストン(Crookston, 1994)によって紹介され、アドバイジング実践者の間に徐々に浸透していった。

　まずオバニオンたちは、これまでのアドバイジングの担い手と学生との関係について、次のように批判する。すなわち、学生は課題解決のためにアドバイジング実践者を訪ねるが、これに対しアドバイジング実践者は、特定の質問には答えるが、それ以外の対応については積極的ではなかった。いわば、処方的関係(Prescriptive relationship)であった。それに対して、発達的視点に立つアカデミック・アドバイジングは、正課(教室)内外での個人と社会制度との相互関係を視野に入れた、学生の成長のための包括的な支援として位置づけられている。また、アカデミック・アドバイジングは学生とアドバイジング実践者の間で取り決められた契約に基づく教育活動であると見なし、アドバイジングに関する責任は両者にあることを示唆した(Crookston, 1994)。

　次に、オバニオン(1994)はアカデミック・アドバイジングの過程を①人生

目標の吟味②職業上の目標の吟味③プログラム選択④授業選択⑤時間割作成、という5つのステップに整理している。さらに、学生は人生および職業の決定に責任を負い、アドバイジング実践者は学生のために最良の情報を提供することに責任を負うことを主張している。

2人はそれぞれ学生とアドバイザーとの関係、そしてアドバイジングの過程について述べているが、そこに共通しているのは、①アカデミック・アドバイジングは学生による将来の目的決定に対する支援であること、②学生とアドバイジング実践者の両者が責任を負っていること、という2点である。

なお、ウィンストン、エンダー、ミラーとグライツ(Winston, Ender, Miller and Grites, 1984)は、発達的視点に立つアカデミック・アドバイジングを、「学生とアドバイジング実践者との密接な関係の下に、学内や地域コミュニティの情報資源を最大限利用して、学生が学習や職業あるいは個人的な目標達成を目指して行う支援」と定義している。これは現在のアカデミック・アドバイジングの活動および目的に通じるものであると言える。

また、この時期、スペリングス委員会報告の提言以降、大学における教育の質保証を行う上で、学生の学力低下が問題視されるようになり、学習成果という考え方が重視されるようになった。

(2) 専任アドバイザーの増加と教員との協働

この時代も教員は継続してアドバイジングを担っている。しかし、授業担当者としてカリキュラムの多様化に対応するため、教育(講義・授業準備等)に時間がとられ、一方では研究に没頭する傾向ないしは必要性からアカデミック・アドバイジングに対する興味・関心は後退していた(Gordon, 1992)。

そして、1980年代以降、アカデミック・アドバイジングは履修相談等の単一目的のために、教員が単独で繰り返し行う従来の活動から、学習、キャリアや人格的な発達までをアドバイジングの対象とし、専任アドバイザーやカウンセラーをはじめ、学内の関係する部署との協働による包括的な活動へと変化していった。また、アカデミック・アドバイジング・センターの数は増

加し、アカデミック・アドバイジングを専門的に担う専任アドバイザー数も徐々に増加していった。

　しかし、この時点でも、教員と専任アドバイザーの緊張関係は解消されないままであった。アカデミック・アドバイジングの対象は「専門課程選択（major）」と「専門課程選択前（pre-major）」という2つに大きく分類されており、教員が主に専門課程に関するアドバイジングに当たるのに対して、専任アドバイザーとアドバイジング・センターは専門課程の選択前や基礎教育そして専門課程の未決定に関わるアドバイジングを行う（Cook, 2009）。こうした職務の住み分け自体は確かに存在していた。しかし、その後、発達的視点に立つアカデミック・アドバイジングの導入により、個々の学生の学習、人格、職業等の発達に沿ったアドバイジングが主流になるにつれ、それまでのように教員と専任アドバイザーそれぞれが単独でアドバイジングに当たるのではなく、必要に応じて協力関係を結び、アドバイジングに当たるというかたちが目指されていく。なお、この協働には、アカデミック・アドバイジング実践者間だけではなく、教務系部署や学生支援系部署との協働も含まれている。これはACTのアカデミック・アドバイジングに関する調査からも明らかにされている。

　また、学生を教育の主体と位置づける考え方から、学生がアドバイザーとしっかり意思疎通を図ることが望ましい教育方法であるという考え方が拡がり、アドバイジングの内容も変化していく。読み書き、情報検索、討論などのスタディ・スキルや大学生活の基本的なスキル・能力の習得に加えて、時間管理法や友人・教員とのつきあいを円滑にするための人間関係、コミュニティ活動、職業選択等の在り方を指南する包括的な内容となっていった（Gordon, 1992）。この動きと連動して、アドバイジング実践者にはアドバイジングのための専門性が求められるようにもなった。

　ところで、学生の在籍継続率や卒業率の低下による大学経営の悪化が問題視されたことを受け、アカデミック・アドバイジング実践者によるアドバイジングと学生の在籍継続との関連についての研究が始まったのも1980年代

であった。つまり、市場化がアカデミック・アドバイジングの機能拡大の一要因として考えられるのである。

　加えて、保護者の学生への関心（影響）が高まっていたことも、1980年代以降の特徴といえよう。この頃から子どもは親にとって保護され大切にされる存在へと変化していった。いわゆるミレニアム世代[6]といわれる学生が大学に入学してきた時代である。ミレニアム世代の保護者は、学生の大学生活の一部になりたいと考え、授業の進捗状況を注視し、学生の活動に関与することで、そこで発生するあらゆる問題を解決してあげたいと考えている(Menezes, 2005)。そして、学生たちは保護されることに安心感を覚えている。彼らは保護者とともに意思決定を下し、自分たちの高い希望に大学側が適応することを望んでいる(Cook, 2009)。

　このような保護者の登場により、アカデミック・アドバイジングの形態は大きく変化し、その対象は学生に限らず保護者も含むようになった。すなわち、アドバイジング実践者は保護者に対しても、適度なコミュニケーションをとり、アカウンタビリティを果たしていく必要が出てきたのである。近年、アメリカの大学のホームページでは、学生用のページのほかに、保護者を対象としたページが設けられている。さらに新入生を迎えて実施されるオリエンテーション期間中、保護者を対象としたオリエンテーションを開催する大学もある。教員と専任アドバイザーはそれぞれの職務に基づいて、学生のみならず保護者にも適切な対応をすることが求められるようになった。

第5節　アカデミック・アドバイジングとニーズ
　　　　——変転した関係が語るもの

　アカデミック・アドバイジングの担い手およびその内容の変遷は、アメリカ社会の発展と大学の社会的使命の変化を背景として、学部・学科の構成、カリキュラムの実用化、学生の多様化といった変化と連動しながら進んでいった。アカデミック・アドバイジングの担い手およびその内容は、各時

代の必要に応じて登場し、発展してきたともいえる。**表1-1**は第1節から第4節までの議論を整理して一覧にしたものである。

　アドバイジングの担い手たちは、必ずしも単独で業務をこなしているわけではない。そこで、表1-1では主たるアドバイジングの担い手と補助的な担い手を区分して示した。たとえば1920～1960年代では、主たるアドバイジングの担い手は教員であり、その補助的な役割を担っていたのがカウンセラーである。ただし、カウンセラーはその専門性を活かしてキャリアや心理面の援助に関するアドバイジングに当たっていた。アドバイジングの担い手は、学長⇒教員⇒カウンセラー⇒専任アドバイザーの順に登場し、教員あるいは専任アドバイザーによる単独のアドバイジング体制を経て、1970年代以降、それぞれの担当分野を活かした協働体制が確立し、定着するに至っている。アドバイジング内容の拡大に伴って、アドバイジングの担い手には専門性が求められるようになった。

　アドバイジングの内容は、生活面での監視・指示（道徳的関与）⇒履修相談⇒多様化した学生への履修・大学への適応に関するアドバイジング・相談⇒個々の学生の事情を把握した上での情報提供・アドバイジング・相談へと変化している。この点について、履修相談を例にとれば、科目だけではなく学部・学科選択の相談にも対応するようになり、加えて将来のキャリアや個人的事情が配慮されるようになるなど、アドバイジングの内容は時代とともに発展してきているといえるだろう。

　アカデミック・アドバイジング制度は、アメリカ高等教育の歴史的な発展に伴って生じてきた様々な課題―カリキュラム改革や在籍継続率・卒業率の低下、質保証、アカウンタビリティへの対応など大学の抱える課題、そして高等教育のマス化に伴う学生の多様化や学力低下など学生の課題―に対応するために発展を遂げてきた。それは学生の卒業という目標を達成するための支援として一貫しているともいえる。しかしそれ以上に、アカデミック・アドバイジングはアメリカの大学を取り巻く環境の変化とそれに伴う様々な課題を克服するために導入され、今日まで発展を続けてきたという点は強調し

表1-1　アカデミック・アドバイジングの担い手とアドバイジング内容の変遷

時代年代	アドバイジングの主たる担い手（補助的な担い手）	新たに実施されたアカデミック・アドバイジングの内容	役割特徴	背景（要因）
前期～1860年代	学長（教員）	□親代わり □●学生の状況把握のための接触 □●課外活動、生活、知的習慣の実践 □●学習、社会、個人的な要件に関する指示	生活面での監視・指示	説明責任 大学の発展 伝統的カリキュラム⇒実務的カリキュラムへ
誕生期1870年代～1910年代	教員	○道徳的アドバイジング ○新入生対応（フレッシュマンセミナーなど） ○オリエンテーション（大学教育の目的と展望） ○履修相談（科目選択・コース選択、単位） ○学部・学科選択に関する相談 ○学習上のカウンセリング ○女子学生への専任支援 ○黒人学生等のマイノリティ支援	履修相談 マイノリティ学生対応	カリキュラムの選択制導入 学習者の多様化 学生数増加
普及・発展期1920年代～1960年代	教員（カウンセラー）	○カリキュラムの広がりに対応した履修相談 　学生の興味、知力、人格、社会的関心を考慮 ○★準備不足学生支援 ☆専門的な支援 　キャリア支援 　心理的援助 ○★学生・教員間の意思疎通の手助け	履修関連の相談多様化学生への対応 専門的支援の萌芽	カリキュラムの充実 多様化学生への対応の必要性（準備不足学生等） 在籍継続率・卒業率の低下 学生運動
質的転換期1970年代～	教員／専任アドバイザー／カウンセラー（専任アドバイザー／教員／カウンセラー）	○学生の専攻（選択）に関わる相談 ●△学生の個別事情に即した履修相談（専攻以外） △★学生に関連する事柄の情報提供 ●△他部署への紹介 ○△▲初年次学生対象のアドバイジング ○△▲☆職業選択に関するキャリア支援 ☆▲精神的な援助 ○△▲●保護者対応 ○△▲●助言による学習成果の提示（シラバス等）	学生の個別事情に即した相談・情報提供 個々の学生の発達を目的 専門的対応 保護者対応 学習成果	在籍継続率・卒業率の低下 学力低下 質保証 アカウンタビリティ

学長（主：□　補助：■）　教員（主：○　補助：●）　専任アドバイザー（主：△　補助：▲）　カウンセラー（主：☆　補助：★）

清水（2010）を改訂

ておきたい。

注
1 　米国において、農業大学設立のため各州に公有地を与えた法律。1862年にジャスティン・モリルの提唱により成立したので、この名で呼ばれる。
2 　連邦政府が州政府に対して土地を無償譲渡し、州政府がその土地を売却または貸し付け、その収益により設立される大学。主に農業及び工業技術教育が行われる。
3 　たとえば、シカゴ大学においてはシカゴ市内、その周囲での正規コース、夜間コース、通信教育コース等を開設している。
4 　復員軍人復学法に基づく連邦政府による就学援助のこと。これにより、多くの復員兵が大学に入学した。
5 　アドバイジングは学習計画に関する学生への支援であるのに対し、カウンセリングはより広範な取組みとして認識されており、カウンセリングとアドバイジングは区別された。
6 　主にアメリカで1980年代から2000年代初頭に生まれた10代、20代の若者の総称。

第2章　アカデミック・アドバイジング制度の現状と課題
―― 使命と目的・成果と評価・実践組織と担い手

　第1章では、アカデミック・アドバイジングの内容や担い手が時代の必要に応じて変化してきたことを歴史に遡って明らかにした。その背景にはアメリカ社会や高等教育の目まぐるしい変化がある。特に、グローバル化、IT化が急速に進む現代社会では、アメリカ高等教育においても、よりよい人材輩出は強く求められるところである。同時に大学の質保証が重視されるにつれて、アカウンタビリティも求められている。このような状況にある現在、アカデミック・アドバイジングはどのように位置づけられ、いかなる役割を果たしているのだろうか。

　本章では、ハッセルブラッドとカリニコス (Hasselbladh and Kallinikos[1], 2000) による制度に関する概念整理およびアボット (Abbott[2], 1988) の指摘を踏まえ、アカデミック・アドバイジング制度の要素として、使命（ミッション）と目的、成果と評価、実践組織と担い手を取り上げ、それぞれの現状と課題について考察を加える。

　第1節では、アドバイジングの実践の基本と考えられる使命と目的が果たす役割を明らかにする。

　第2節では、アカデミック・アドバイジングの成果と評価の実施について、専門職団体による提言や定義を手がかりとして、その現状と課題を検証する。

　第3節では、アカデミック・アドバイジングの組織と担い手について論じる。ACTによる全国調査結果から、特に学内でのアドバイジングの指揮命令系統やその特徴を把握し、実践者数の推移にも注目しながら、アドバイジングの実践組織の内実に迫っていく。

第4節では、前節までに考察してきたアカデミック・アドバイジング制度の現状を踏まえて、その課題を明らかにする。

第1節　使命(ミッション)と目的

　アカデミック・アドバイジングの使命とその目的を明らかにするための手順は何だろうか。まず考えられるのは、使命および目的について議論を重ねてきた専門職団体の主張を比較・検討することである。以下、筆者なりに整理していく。

　CAS[3]は、アカデミック・アドバイジングの模範的な『規準とガイドライン』として、「ミッション」「プログラム」「リーダーシップ」「人的資源」「倫理」「法的責任」「公平性とアクセス」「多様性」「組織とマネジメント」「学内と学外における関係性」「財源」「技術」「施設・機器」「アセスメントと評価」の14項目を定めている。このCASの規準はNACADAも引用しており[4]、実践機関に対する規範性は強く、多くの機関で採用されている。

　CASのアカデミック・アドバイジングの『規準とガイドライン』(2013年版[5])の中には、次のような見解が示されている。

　「アカデミック・アドバイジング・プログラムは、ミッションを開発し、広め、実行し、定期的に精査されなければならない。ミッションは、機関のミッションや専門的基準(professional standards)に一致しなければならない。ミッションは、機関の学生層やコミュニティの状況(student populations and community settings)に適合しなければならない。ミッション・ステートメントは学生の学習と成長(student learning and development)について言及しなければならない。」

　ここで注目されるのは、アカデミック・アドバイジング・プログラムのミッションを考える際、機関(大学)のミッションと専門的規準の一致を重視している点である。その上で、機関(大学)に所属する学生層やコミュニティの状況への適合を求めている。つまり、各機関は学生やコミュニティの状況

を観察しておかなければならない。

　他方、NACADA(2006)は大学のミッションを支援する柱として、アカデミック・アドバイジングの概念をなす「カリキュラム(Curriculum)」、「教授法(Pedagogy)」、そして「学習成果(Learning Outcomes)」の3つの要素を取り上げ、次のように述べている。

　第1に、カリキュラムであるが、その範囲は入学に関する実用的な面から高等教育の理念まで幅が広い。これには、大学のミッション、文化・期待、正課カリキュラムと正課併行活動(Co-Curricular Activities)の意味や価値と関係性、思考様式、学習、意思決定、学習プログラムやコースの選択、人生設計、学内施設設備、大学の方針や履修手続、知識や技能の伝達からキャリア目的の向上まで含まれる。

　第2に、アカデミック・アドバイジングは教育と学習の過程であるという認識から、その教授法には、準備や促進(facilitation)、文献収集(documentation)、アドバイジングによる相互作用に対する評価が含まれるものとされている。また、その個別方策、戦略や技術は多様であるが、アカデミック・アドバイジングの担当者と学生との人間関係が基本にあり、相互の尊重、信用、倫理的行動が重視される。

　第3に、アカデミック・アドバイジングによる学生の学習成果は、大学のミッション、目的、カリキュラム、および正課併行活動によって導かれるものとされる。ここでは、アカデミック・アドバイジングのカリキュラムが目指す成果は、アドバイジングを通じた学生の知識の修得や評価により明確にされる。そのため、各教育機関は学生の学習成果とその評価方法の両方を開発しなければならない[6]。

　ホワイト(White, 2000)は、大学のミッション決定の次のステップとして、アカデミック・アドバイジングのミッションの設定があり、そのミッションにはアドバイジングを提供する側(アドバイザー)や受ける側(学生)に対する期待が込められるべきだと指摘している。さらに、アカデミック・アドバイジングのミッションに含めるべき目標として、キャリア目標の明確化や大学の卒

業要件の解説など具体的に9つの目標[7]を掲げている。

その上でさらにホワイトは、「アカデミック・アドバイジングの質は大学のミッションに一致する明確に定義された達成目標で築き上げられるべきものである。しかし、大学全体でのアカデミック・アドバイジングのミッションと目的の開発は、なお不十分であり、アドバイジングを担当する各部門は自らの達成目標を進展しなければならない」と指摘している(White, 2000)。この点はアカデミック・アドバイジングの現状認識として傾聴に値するものといえよう。

CASは、アカデミック・アドバイジングのミッションとして、各大学のミッション、さらに「専門的基準」と発達成果を加えるべきだと主張している。他方、NACADAは先に言及したCASの『規準とガイドライン』に加えて、アカデミック・アドバイジングの概念や責務を示すことにより、その役割を確認することができ、各機関のミッションの有効性を高めるとの見解を示している。この点についてホワイト(2000)は、ミッションはアドバイジングの業務レベルの具体的な内容を含むべきだと主張している。

以上のことから、アカデミック・アドバイジングのミッションが、大学のミッションに基づいて設定されるべきだという認識はかなり共有されていると言えるが、それぞれのミッションに含むべき要素として一致しているのは、学習成果に限られる。アカデミック・アドバイジングのミッションとして学習成果の設定がとりわけ重要視されていることが理解できるだろう。

ところで、CASの『規準とガイドライン』は、2003年版から2008年と2013年の2回にわたって改訂されている。ミッションの規準項目にも、各版の中にいくつかの相違点が見られる。アカデミック・アドバイジングのこのような規律の変化は注目に値するので取り上げておきたい(**表2-1**)。

まずアカデミック・アドバイジング・プログラムの目的について、2003年版では「人生の目標と両立できるような有意義な学習計画の発展により学生を支援する」とされていたが、その後は「有意義な学習計画の発展に関して学生を支援する」(2008年版、2013年版)と学習計画の発展のみの記述となっている。

表2-1　「ミッション」項目に関する比較（2003年版、2008年版、2013年版）

2003年	アカデミック・アドバイジング・プログラム（AAP）は、そのミッションの中に、<u>学生の学習と成長（student learning and development）</u>を組み入れなければならない。AAPは、そのミッションと目的を開発し、記録し、広め、履行し、定期的に精査しなければならない。ミッション・ステートメントは、その<u>機関（institution）のミッションと目的</u>に、また<u>この文書の規準に一致</u>したものでなければならない。 AAPのもっとも主要な目的は、<u>人生の目標と両立</u>できるような、<u>有意義な学習計画（educational plans）</u>を発展させることによって、学生を支援することである。 機関はプログラムの目的やアドバイザーとアドバイジングを受ける者に付随する哲学を明確に記述しなければならない。プログラムは、その機関のすべてにわたるミッションの不可欠な部分として機能しなければならない。
2008年	アカデミック・アドバイジング・プログラム（AAP）の主な目的は、<u>有意義な学習計画（educational plans）</u>の発展に関して学生を支援するものである。 AAPは、ミッションを開発し、広め、実践し、定期的に精査しなければならない。ミッション・ステートメントは、<u>機関のミッションと専門的基準（professional standards）に一致</u>しなければならない。<u>高等教育におけるAAPは、そのミッションの中に学生の学習と発達の成果（learning and development outcomes）を組み込むことで、全体的な教育経験を高める</u>必要がある。 機関は、プログラムの目的やアドバイザーとアドバイジングを受ける者との期待を含んだ、アカデミック・アドバイジングに付随する簡潔なミッション・ステートメントを作成しなければならない。
2013年	アカデミック・アドバイジング・プログラム（AAP）のミッションは、<u>学生の学習目標（educational goals）を定義し、計画し、達成することを支援する</u>ためのものである。<u>AAPは学生の成功と持続性を提唱</u>しなければならない。 AAPは、そのミッションを開発し、広め、実践し、定期的に精査しなければならない。 そのミッションは、機関のミッションや<u>専門的基準（professional standards）に一致</u>しなければならない。ミッションは、<u>機関の学生層やコミュニティの状況（student populations and community settings）に適合</u>しなければならない。ミッション・ステートメントは<u>学生の学習と発達（student learning and development）</u>について言及しなければならない。 AAPに関わる特定モデルは、<u>機関のミッション、構造、リソースと一致</u>している必要がある。

（下線：筆者）

次に、ミッションに組み入れられるべき項目として、2003年版では「学生の学習と成長」と記述されているのに対し、2008年版では「学生の学習と発達成果」が求められている。さらに2013年版においては、「学生の学習目標を定義し、計画し、達成すること」への支援が求められている。学生の学習成果については、2013年版ではミッション・ステートメントにおいて学生の学習と成長に関する記述を求めている。このように、CAS規準は、すべての教育経験を高めることを目的とし、アカデミック・アドバイジングにおいても、そのミッションに学生の発達成果を新たに組み込むことを求めている。この流れは2006年のスペリングス委員会報告による高等教育への意向を捉えた変更と解釈できる。なお、ミッションに組み込むよう指摘された「発達の成果」であるが、CASは後述する『学習の再考』を受けて「学習と発達の成果」に関する6項目を公表している[8]。

3点目は、ミッション・ステートメントについてである。2003年版では「機関のミッションと目的およびこの文書の規準に一致すべきである」とされていたが、2008年版、2013年版では「機関のミッションと専門的基準に一致すべきである」へと変化している。しかし、いずれも機関のミッションに一致することを求めている。

最後に、3版に共通していることは「ミッションを開発し、広め、実践し、定期的に精査しなければならない」という記述である。この点は、次節の評価と関わるが、ミッションに基づいた精査が求められているといえよう。

以上の比較検討から、ミッションに関する指摘は多様であることが理解できる。この背景には、アカデミック・アドバイジングは履修相談からはじまった支援であり、教員にとっては既存の学生指導の一部と捉えられたことで、ミッションはさほど必要とされていなかったという事情があったのではないだろうか。しかし、現在はアドバイジングの内容が複雑になり、また専任アドバイザーのような新たなアクターの登場も登場したことで、アドバイジング実践者に共通する一定の指針が必要となったと考えられる。その中でも特に、学生の学習経験を高め、その成果を明らかにすることが、アカデ

ミック・アドバイジングにも求められていると推察されるのである。

次に、アカデミック・アドバイジングの目的について検討してみよう。一般論として言えば、その目的は、学生の学習目標の設定とその達成を援助することである。そのために必要なのは、学生自身が自分の将来を見据えた上で学習計画を立案することであり、アカデミック・アドバイジングの目的は、それを支援し、関連する情報を提供することである。

それでは、専門職団体はアカデミック・アドバイジングの目的をどのように提示しているのか。以下に明らかにしていこう。

CASの『規準とガイドライン』のなかでも「ミッション」について記述している箇所では、アカデミック・アドバイジング・プログラムの主な目的は「有意義な学習計画を進展させることによって、学生を支援すること」(2003年版・2008年版・2013年版)と定義されている。

その目的・機能をより具体的に示したのがUNESCOの *The role of student affairs and services in higher education*(『高等教育における学生支援サービスの役割』、2002年)である。それは、①学生の人生目標と一致する学習計画の作成支援、②学位要件に関する正確な情報提供、③大学の方針や履修課程の理解のための支援、④学習上の成功を可能にするために学内の関連資料の利用ができるような支援、⑤教育上あるいは個人的課題の克服のための支援、⑥学習に支障を与えるかもしれない制度や個別的な環境の見極め、⑦教育上の必要性や課題等に関する的確な情報の再検討、⑧個人的な接触による在籍継続率の向上の8項目である。

両者を比較してみよう。CASはアドバイジングの目的を「意味のある教育計画への支援」と定義しているのに対して、UNESCOは「情報提供」「個人的課題の克服」「在籍継続率の向上」までも範囲に含めている。つまり、CASは視点を教育に限定しているのに対して、UNESCOは教育を含め、広い観点からの言及であり、両者が掲げる目的の射程は異なっている。その背景として、UNESCOの定義は、学生支援のプログラムやサービスの開発、評価のために作成された実用的なマニュアルの中での言及であるため、アカデミッ

ク・アドバイジングはそれらの一部として扱われていたからだと考えられる。他方、CASはアカデミック・アドバイジングの規準が中心的なテーマであることから、このような差異が生じていると考えられる。

　ところでNACADAの場合、そもそも目的を示した提言は見当たらない。しかし、アカデミック・アドバイジングの専門的実践の指針となる本質的価値(Core Values of Academic Advising)に言及した声明の中で、その理念は次のように説明されていた。そこではまず、「アドバイジングを受ける者(学生)、アドバイジングの関係者、所属機関、高等教育機関、教育コミュニティ、アドバイジング実践者自身に対する責務」が示されている。アドバイジングを受ける者への責務に関する記述の冒頭には、「アドバイジング実践者は学習環境での重要性、品格、可能性、個々の特有の性質を高めるために（アドバイジングに）従事する」との記述がある。声明の中に目的が示されていないのはなぜかと、NACADA事務局に直接尋ねてみたところ、「アドバイジングの目的は各大学で設定するものであるため、全般的な目的の定義は行わない」という説明が返ってきた。このことから、NACADAでは各大学が目的を設定することを否定するものではなく、むしろ推奨する立場を取っているものと思われる。その上で、目的は各大学の実態に即した設定であることが望ましい、との立場をとっているものと推察できる。

　以上、CAS、UNESCO、NACADAによるアドバイジングの使命(ミッション)・目的に対する立ち位置を示した。各団体は、表現こそ異なっているものの、アカデミック・アドバイジングの実践では、大学のミッションと一致した明確な目的を設定することが重要かつ必要であるとのコンセンサスは形成されているといえよう。

第2節　成果と評価

　ハブリー（Habley, 2005）は、アカデミック・アドバイジングのミッションについて、大学のミッションとの関連づけを考慮して作成されなければならな

いと指摘している。そしてアカデミック・アドバイジングのミッション作成には様々な立場の関係者が関与し、その後の活動の指針とされること、また、アカデミック・アドバイジングの評価はそのミッションに従って行い、必要があれば時宜に即したミッションに変更していくべきだと主張している。つまり、ハブリーも、アカデミック・アドバイジングのミッションと学生への実践、成果との間には互いにフィードバックされる循環的な関係が必要と考えている。

別の角度から言えば、アカデミック・アドバイジングのミッション⇒実践⇒成果⇒評価⇒フィードバックというこのシステム化は、アカデミック・アドバイジング・プログラムによる学習成果を意識した設定であると理解できる。注目すべきは、アカデミック・アドバイジング・プログラムは、そのミッションを経由し、大学のミッションに則って実施され、その成果の評価が行われるというシステム自体が、アカデミック・アドバイジング・プログラムのアカウンタビリティを示していることである。

アカデミック・アドバイジングの全体的な構造は**図2-1**のように示すことができる。まず、大学のミッションに即してアカデミック・アドバイジング

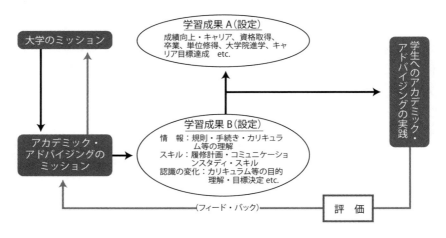

図2-1　アカデミック・アドバイジングの構造（イメージ）

のミッションが設定される。次にそのミッションに即したアドバイジングが実践されている。この実践プロセスの中で、最終的なゴールとしての単位修得、進路選択や卒業等(成果A)に向けて必要な情報、スキル、認識が学生に理解され、行動に反映される(成果B)。これに対し、学生やアカデミック・アドバイジングの担当者を対象とした評価が実施され、その結果を基にして、その実践やミッションに対してもフィードバックが行われる。

それでは次に、NACADAその他による学習成果の開発および学生への学習成果の事前提示に関する議論を見てみよう。

1)『学習の再考』による学習成果

学生の学習成果は、アクレディテーション機関の評価基準のエビデンスとして提出が求められ、大学の学習に対する取組みを問う一つの手段となっている(羽田, 2010)。そのため、各大学あるいは大学連合体、民間教育団体により学習成果に関する調査・研究が熱心に行われている。

NACADAを含めた学生支援に関わる7つの専門職団体[9]による *Learning Reconsidered*(『学習の再考』, 2006)もその1つである。

この『学習の再考』は、学生の学習に関わるすべてのプログラムと活動には質の高い評価が必要であるという問題意識から作成されたものであり、学生支援の成果を定義し、その具体的な事例を提示している。定義は「学生の学習成果」「成果の特徴」「学習のための発達的経験事例」「教育者のための知識体系」「学習成果事例」で構成されている。

「学生の学習成果」としては、7項目が提示されており、それぞれの成果の特徴と事例が示されている。そのうち、「対人関係能力と個人の内面能力」「実践力」「継続と学習達成度」の3項目の事例としてアカデミック・アドバイジングが取り上げられている(表2–2)。アカデミック・アドバイジングは、自己啓発力と対外的な対応能力という学生の人格的な成長と、学位取得を含む学習目標の成功という学習上の成果との両面にあると理解できる。

以上のことから筆者は、アカデミック・アドバイジングに求められる主要な学習成果として、「情報取得」「目標設定」「計画」「決定(判断)」「コミュニケー

表2-2　学生支援における学生の学習成果

学生の成果	成果の特徴	学習のための発達的経験事例	学習成果の事例
対人関係能力と個人の内面能力（Interpersonal and intrapersonal competence）	現実的な自己評価と自己理解、アイデンティティ、自尊心、信用、倫理と誠実、精神的認識や個人的目標設定のような個人的特質、意味ある関係、相互依存、協力、自己と異なる人々との協力	アイデンティティに基づいた正式団体;個人的なカウンセリング;学習計画/生活設計;ルームメートとの対話;<u>個人的なアドバイジング</u>;サポートグループ;ピアメンタープログラム;宗教的な生活プログラムおよび青年グループ;アシスタントとしての役割；(例えば寮生アシスタント・アドバイザー、メンター・プログラム)；障害者支援活動;学生雇用;教室プロジェクトグループ;教室での議論	学生は健全な行動を認識し、他者との健全な関係を形成する方法を計画する。学生は外部の支援を求めることなく、問題解決への初期措置を取る。学生は自分たちのスキルや興味を向上することができ、専攻や早期のキャリアステップに関する適切な選択ができる
実践力（Practical competence）	効果的コミュニケーション、個人的な問題を管理する能力、経済的自給自足と職業能力、個人の健康管理、余暇の優先順位の決定、意図的と満足する人生を送る	学内のリクレーションプログラム;フードサービスや健康センターのプログラム;薬物やアルコール教育;キャリア開発コースとプログラム;経済計画プログラム;クラブ支援やリクリエーションプログラム;上級生の編入プログラム;個人カウンセリング;<u>アカデミック・アドバイジング／個人的なアドバイジングポートフォリオ</u>;上級生の基本コース	学生は意図的なカリキュラムや正課併行カリキュラムの計画を立てる
継続と学習達成度（Persistence and academic achievement）	学習や個人的成功を到達するための大学での経験を管理、学位を含む学習目標の成功に導く	スタディ・スキル、ブリッジプログラム、ピア指導、教職員指導、教育補助、オリエンテーションプログラム、<u>アカデミック・アドバイジング</u>、資金援助、障害者支援サービス、保護者用プログラム、チャイルドケアサービス	学生は学位取得のための計画を立て、必要に応じて継続し、修正することができる。学生は自分たちの学習や個人的な必要性から、キャンパスの情報資源を利用する

"Student Learning Outcomes", *Learning Reconsidered*（ACPA, NASPA, 2006）より（アカデミック・アドバイジングに関わる成果を抜粋）（下線：筆者）

ション」の5項目を挙げたい。つまり、アカデミック・アドバイジングを実践することにより、アドバイジングを受けた学生は、①自分に必要な情報を収集することができ、②取得した情報から学習あるいはキャリア目標の設定を行い、③目標を達成するための計画を立て、④履修や関連活動の参加等についての決定を下すことができるようになり、⑤アドバイジングの実践者あるいはその他の関係者とのコミュニケーションをとることができる、という5つである。これらの点については、以下に示すNACADAその他による学習成果の開発、学習成果の学生への事前提示でも指摘されている。ただし、成果項目に関してはそのほかの指摘も見られる。

2) 学習成果の開発（NACADA）

　NACADAは、各教育機関における評価方法とともに学習成果の開発についても言及し、以下のような成果事例を示している。

1. 可能性、願望、興味や価値観の精査を基礎として論理的で一貫した教育計画を立てる
2. 目標の設定および決定を行い、目標に到達するために様々な情報を利用する
3. 学習プログラム（academic program）の必要条件に見合った責任を負う
4. 高等教育の意味や大学のカリキュラムの意図を明確に述べる
5. 生涯学習につながる知的習慣を育成する
6. 自分をとりまくより広い世界で市民としてふるまう

　NACADAによる成果事例の6項目は、学生の教育に関する計画・立案、それに伴う情報提供等の在学中の成果に加え、大学卒業後に備えておくべき成果（5および6）まで含めたものである。CAS規準では、アカデミック・アドバイジングの成果は各大学のミッションとそれに則って設定されるアカデミック・アドバイジングのミッションに組み込まれるよう提唱されている。NACADAが機関ごとに学習成果の開発を行うよう提案しているのはこれに由来すると考えられる。各機関における学習成果の設定について、期待される成果（目的、知識、内容等）を明確にした上で、具体的な成果を決定し、その

達成のために適切な学習経験や支援を計画するというステップが明らかにされている。

3）学習成果の事前提示

　学習成果の達成に向けた各大学の取組みのなかで、特に有効に活用されていると思われるのは、アカデミック・アドバイジングのシラバス(academic advising syllabus: 以下「アドバイジング・シラバス」という)である。ここでいうシラバスは、日本の授業シラバスのように授業内容のステップを段階的に示すものではない。そこにはアカデミック・アドバイジングの目的、アドバイジングの実践者とアドバイジングを受ける者(学生)の双方が負うべき責務、アドバイジングを通じて求められる成果等が示されている。

　序章で述べたとおり、アカデミック・アドバイジングは正課教育に限らず、正課外の教育や活動にも関わる支援である。正課教育では、シラバスがいわばコースガイドとして活用されるが、正課外活動にはシラバスがない。ただし、アドバイジング・シラバスは、アドバイジングではどのような活動が行われるのかを学生に対して明確に示すことができる。なお、アドバイジング・シラバスは個々のアドバイザーあるいは組織ごとに作成されている。

　アドバイジング・シラバスに含まれる要素としては以下の8要素が示されている(Trabant, 2006)。

　1 特定のキャンパスやオフィスにおけるアドバイジングの指針
　2 学内で教員が活用している授業シラバスのガイドラインに従うこと
　3 各大学のアカデミック・アドバイジングを行う目的(3～5文程度で表現)およびアドバイジングの歴史
　4 アドバイジング・オフィスの正確な場所・連絡方法
　5 学生に期待されることあるいは学生の責務
　6 アドバイザーに期待されることあるいは責務
　7 アドバイジングによる成果
　8 学生のためのツール、リソースや推奨する内容

　このようにアドバイジング・シラバスの提示により、学生はアカデミッ

ク・アドバイジングでどのようなことが実施されるのか、自分自身が何をすべきなのか、アドバイジングを通じてどのようなことが得られるのかを事前に理解することができる。また、保護者も子どもの担当アドバイザーのアドバイジング範囲を知ることができる。加えて、アドバイジングの内容を説明することで、その他のアドバイザーや同僚との理解も深まる等、ステークホルダーをはじめとする関係者とのコミュニケーションを活性化することも期待される。このように、シラバスによってアカデミック・アドバイジングの実践は可視化されるのである。

アドバイジング・シラバスを導入した場合のアドバイジングの実践を**図2-2**に示した。シラバスを用いてアドバイジングの成果や責務を学生に事前に示すことで、学生はアドバイジングの実践についての認識や理解を深めることができる。アドバイジングの担い手にとっては、アドバイジングの目的や成果を再認識した上で、実践を行うことができるため、効果的なアドバイジング実践が期待される。

アドバイジング・シラバスには、アドバイジングを通じて期待される成果を学習成果として記さなければならない。学生に期待される行動などについ

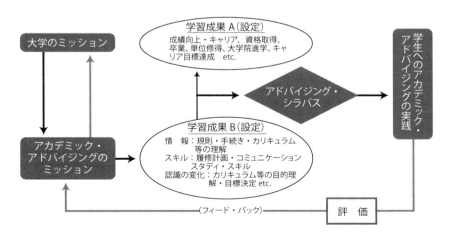

図2-2　アドバイジング・シラバスを活用したアカデミック・アドバイジング実践

ても時期的な目安を可視化して学内カレンダーのように具体的に記述することが望ましい。アドバイジング・シラバスに学習成果を示すことによって、アドバイジング実践者は、学生に学習計画および学習成果を確認してもらうことができる。他方で、学生にとっては、シラバスに掲載された学習成果を確認することによって、アカデミック・アドバイジングの目的や成果を理解し、主体的に行動に移すことができる。さらなる学習成果の向上が期待されよう。このように、アドバイジング・シラバスを用いることは学生およびアドバイジング実践者の両者に効果が期待できる。そのためには、前提として、学内でのアカデミック・アドバイジングに関する合意を確立するとともに、実践者と学生の信頼関係を維持する必要がある(Martin, 2007)ことは言うまでもない。

4) 学習者から見たアカデミック・アドバイジングの学習成果

ところで、今やかなり広く知られているように、アメリカでは1990年代以降、学習者中心の教育観が広まってきている。アカデミック・アドバイジングにおいても同様である。学習者中心のアドバイジングでは、学生が学習者として自身の態度やスキルを向上させ、意思決定を行い、コミュニティへの参加等を通じて、学習者として自立的に成長することが目指される。学習者の成長を支えるために、アドバイジング実践者はコーチングに焦点を当てる場合もあるという(Melander, 2002)。

学習者中心のアカデミック・アドバイジングの学習成果には、共通性が存在すると考えられる。マーティン(Martin, 2007)は、アカデミック・アドバイジングを通じた学生の学習成果を、①学生が学ぶべき情報、②学ぶべきスキル、③認識や向上的変化の3領域にまとめ、NACADA会員にも提示している。ここで列挙されている3領域では、アカデミック・アドバイジングは、学生の学習に直接的に影響を与える手段ではなく、あくまでも学習に関わる成果を導き出す過程として捉えられている。これは、アカデミック・アドバイジングは教育と学習のプロセスであるというNACADAの考え方とも一致するところである。

これらの評価指標として考えられるのは、学生の履修登録結果と試験結果や成績(GPA)、資格試験の結果、インターンシップや海外留学等のプログラムへの参加率、究極的には卒業率ということになろう。その他に、学生を対象とした調査、フォーカス・グループやポートフォリオ等が挙げられる(California Polytechnic State University, 2009-2010調査から)。

5) 学習成果の評価の現状

　では、各大学においてアカデミック・アドバイジングの学習成果は向上しているのだろうか。上述のとおり、アドバイジングの学習成果をアドバイジング実践者が意識し始めていることは明らかである。けれどもアカデミック・アドバイジングの成果を評価することは、学習成果に比較して難しい。学生やアドバイジング実践者に対する意識調査等は実施されているものの、授業の学習成果のように数値的な把握にまでは至っていない。

　例えば、NACADAの支援により「アンダーグラデュエイト(学士課程)におけるアカデミック・アドバイジング調査」(2008: 回収率33.0%)が実施されている。この調査は、学士課程におけるアカデミック・アドバイジングの実践者を対象に、彼らのバックグラウンド(専門分野等)、所属組織の概要およびアドバイジングの実践状況について尋ねたものである。その中にはアカデミック・アドバイジングの学習成果(ここではLearning Objectivesと表現されている)に関する項目も含まれているのでここで取り上げたい(**図2-3**)。

　まず、アカデミック・アドバイジングの学習成果の設定の有無については、「ある」(41.4%)「ない」(56.7%)という結果であった。つまり、学習成果を提示しているのは、回答者の半数にも至っていないのが現状である。しかし、アカデミック・アドバイジングによる学習成果に関して、次の**図2-3**に示した13項目の設問のなかには、達成評価の高い項目もいくつかある。

　その13項目について、マーティン(2007)のアカデミック・アドバイジングの成果設定を用いて分類したところ、「学生の学ぶべき情報(No. 3, 4, 5)」「学ぶべきスキル(No. 6, 7, 10, 11)」「認識や向上の変化(No. 1, 2, 8, 9, 12, 13)」の三つにそれぞれ当てはまる。各大学では、個別レベルの学習成果の達成評価

は高い（たとえば、「6. 教育計画の充実に向けて、各学期に授業を選定する」「2. 自分の目標を達成するために効果的に教育計画を策定する」）ものの、高等教育全レベルの底上げ的な成果については評価が低い（たとえば「9. 高等教育の目標と目的の理解を示す」「13. 大学の経験に意味を持つ」）。したがって、3要素により分類された学習成果の達成というよりも、具体的に設定された学習成果の達成に関して評価が高いことが読み取れる。

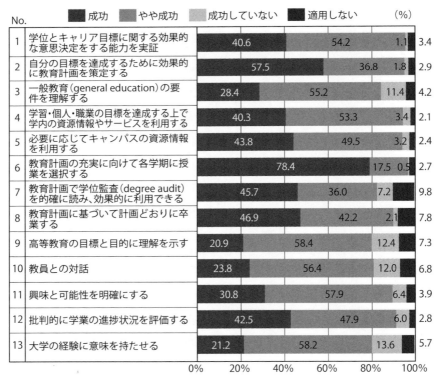

図2-3 アカデミック・アドバイジングによる学習成果
「アンダーグラデュエイト（学士課程）におけるアカデミック・アドバイジングに関する調査（NACADA）」(2008)より作成

第3節 実践組織と担い手

(1) 大学組織におけるアカデミック・アドバイジングの位置づけ

上述のとおりアカデミック・アドバイジングが広くアメリカの大学に普及していることは周知の事実と言えよう。その拡大の様相については、第6回ACT調査(2003)においても明らかにされている(**表2-3**)。アカデミック・アドバイジングの担当者が配置されている大学の割合は、すでに2003年には、調査対象(全体)の80％を超えている。設置形態により若干の差はあるものの、アメリカの大学においてアカデミック・アドバイジングは全国的に組織されていると理解できる。

表2-3　学内のアドバイジング担当者の有無　　　　　　　　　　　　　　(％)

	2年制公立		2年制私立		4年制公立		4年制私立		全体	
	1998年	2003年	1998	2003	1998	2003	1998	2003	1998	2003
有	82	88	86	88	58	75	84	85	78	84
無	18	12	14	13	42	25	16	15	22	16

Habley(2004)

その組織の体制は、大学の設置形態や規模、あるいは各大学のミッション等により様々だが、通常、それはアドバイジング・センターまたは学科内に配置される。そして、アドバイジングを主として担っているのは教員と専任アドバイザーである。まず、ACT調査を用いてこれらの点について確認しておこう。

ACT第6回調査(2003年)によれば、アドバイジング・センター組織の設置率は第1回調査(1979年)に比較して約5倍に上昇していた(**図2-4**)。アドバイジング・センター組織の設置は、アドバイジングを専門に担い、推進的な役割を果たす組織が各大学に設置されたことを意味する。

さらに、ACT第5回調査(1998年)では、「アドバイジング・センターでのアドバイジングに対する責務」という設問の中に、以下の6項目が新たに加えられた。「キャンパス内の全アドバイザーへの評価の実施／調整」「キャンパス全体で

アドバイザーへの学生の割り当て」「学位査定」「学部・学科と連携」「学術的政策への参入」「カリキュラム委員会への参入」の6つである。これを見ると、アドバイジング・センター組織はセンター内のみにとどまることなく、キャンパス全体のアドバイジングに総合的に関わっていると考えられる。それに対して、学科のアドバイジング組織は学科内のアドバイジングを中心としている。

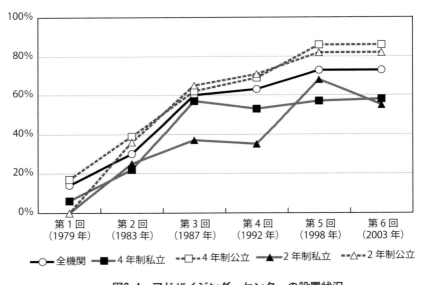

図2-4　アドバイジング・センターの設置状況

Habley（2004）より作成

（2）アドバイジング実践者の数とその推移

次にアドバイジングの実践者について見てみよう。まず実践者数は、アドバイジングの機能拡大に伴って増加傾向にある。学科単位でアドバイジングを担当している人材については**表2-4**のとおりである。第6回調査（2003年）では、「キャンパス内の全学科」と「いくつかの学科」をあわせるとその比率は99％となり、学科単位での主なアドバイジング実践者は教員であると理解で

きる。

その他の実践者としては、学科長が全学科あるいはいくつかの学科で高い割合(95%)を占めている。また、第5回調査(1998年)では新たな人材が加わった。専任アドバイザーと職員である。そのうち、専任アドバイザーについては、5年のうちに55％（第5回: 1998年）から61％（第6回: 2003年）とわずかながら増加しており、学科内でのアドバイジングの担い手として定着しつつあることが理解できる。

表2-4　学科でアドバイジングを担っている人材

アドバイジング人材	キャンパス内の全学科 (All Department)			キャンパス内のいくつかの学科 (Some Department)			キャンパス内で皆無 (No Department)		
	第2回(1987)	第5回(1998)	第6回(2003)	第2回(1987)	第5回(1998)	第6回(2003)	第2回(1987)	第5回(1998)	第6回(2003)
教員	50%	81%	80%	44%	19%	19%	6%	0%	1%
学科長	50%	63%	62%	38%	32%	33%	12%	5%	5%
非教育人材	7%	N/A	N/A	43%	N/A	N/A	50%	N/A	N/A
専任アドバイザー／非常勤アドバイザー（教育なし）	N/A	16%	19%	N/A	39%	42%	N/A	45%	40%
職員	N/A	1%	1%	N/A	13%	20%	N/A	86%	79%
アドバイジング助手（大学院生、演習学生、繁忙期対応雇用者）	1%	2%	2%	13%	21%	24%	86%	77%	74%
ピア（大学院生）	2%	1%	2%	16%	14%	17%	83%	85%	80%

Habley (2004)

ACT調査では、アカデミック・アドバイジング・センター内でのアドバイジングの実践者について、主としてアドバイジングを担う人材と補助的な人材の2種類に分け、その推移についても明らかにしている（**表2-5**）。第6回調査(2003年)によれば、主としてアドバイジングを担っているのは、専任アドバイザー（64％）と教員アドバイザー（教育が主たる責務）（20％）である。専任アドバイザーの比率は年を追うごとに増加している。また、その補助的な人材として非常勤アドバイザー（23％）と教員アドバイザー（教育が主たる責務）

(23%)の比率も高く、これにピア・アドバイザー(13%)が続いている。

表2-4および表2-5により、学科およびセンター組織において、中心的にアドバイジングを担っている人材は明らかである。つまり、学科においては教員および学科長、センターにおいては専任アドバイザーが、それぞれアドバイジングの主たる人材である。また教員と非常勤アドバイザーはその補助的人材としてアドバイジングを担っていると理解できる。

表2-5　センターでアドバイジングを担う人材

アドバイジング人材	主としてアドバイジングを担う人材				補助的にアドバイジングを担う人材			
	第2回(1987)	第4回(1992)	第5回(1998)	第6回(2003)	第2回(1987)	第4回(1992)	第5回(1998)	第6回(2003)
専任アドバイザー(アドバイジング専用に雇用された者)	39%	39%	59%	64%	27%	25%	8%	12%
非常勤アドバイザー(アドバイジング専用に雇用された者)	13%	10%	8%	5%	42%	25%	22%	23%
非教員アドバイザー	18%	18%	N/A	N/A	31%	29%	N/A	N/A
教員アドバイザー(教育が主たる責務)	25%	28%	16%	20%	36%	37%	22%	23%
アドバイジング助手(大学院生、繁忙期に雇用された者)	2%	2%	1%	0%	11%	12%	12%	12%
ピア・アドバイザー	1%	5%	1%	0%	11%	14%	9%	13%

(例えば、第2回(1987)調査中の「専任アドバイザー 39%」は、39%の大学において、主として専任アドバイザーがアドバイジングを担っていることを示している)

Habley(2004)

ACT調査(第1回(1979年)、第6回(2003年))では、学内でアドバイジングの調整を担当する人材もその対象としている(図2-5)。

一見してわかるように、コーディネーターやディレクターの割合が大幅に増えており、アカデミック・アドバイジングを専任で担う調整役が徐々に定着している。

逆に教員のアカデミック・アドバイジングへの関与は明らかに減少傾向で

ある。学科所属の教員がアドバイジングに携わる時間を調査した結果では、11.5%（1998年）から10.2%（2003年）とわずかながら減少傾向にあることがわかる。この背景には、教員の主たる職務である教育および研究に費やす時間が多くなってきたことに加えて、新たに登場した専任アドバイザーの台頭があると考えられる。訪問調査の際、NACADA当局者は「専任アドバイザー数の増加の背景には、教員の教育・研究の時間を確保する必要が強まってきたことがある」と述べていた。

次に、アカデミック・アドバイジング・センターの組織構造について、その指揮命令系統に着目して説明する。

センターに配属されているアドバイジングの実践者は、センターの責任者と教育（あるいは学生）担当の責任者または担当副学長相当職の配下にある。さらに、学科に所属し、アドバイジングを担当する教員も、他の業務と同様にアドバイジング業務に関しても学部長や学科長等の各学科の責任者の下に組織されている。第6回ACT調査（2003）によれば、教務担当副学長／学部長（34%）、学長

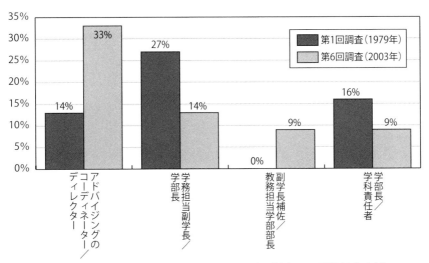

図2-5　アカデミック・アドバイジングの学内での調整担当人材

Habley（2004）より作成

(President)(22%)、学生担当副学長／学部長(14%)がアカデミック・アドバイジングの報告先として回答されている。アカデミック・アドバイジングは履修に関わる業務でもあることから、この結果に見られるように、組織的には教務担当副学長に指示を仰ぐ場合が多いようだが、学生担当副学長の指示を仰ぐ場合も見られる。これは、歴史的にたどればアドバイジングは学生支援の一環として出発したことからも理解できるところである。アドバイジング・センターが設置されている大学では、たとえ学部所属の教員であってもアドバイジングの業務内容についてはセンターの責任者の指示や命令に従わなければならない場合もある。

(3) 実践組織の現状──協働型への移行

ハブリー（Habley, 1983）は、ACT調査結果をもとにしながらアカデミック・アドバイジングの組織を7つのモデルに類型化している。さらにハブリーとマコーリ（Habley & McCauley, 1987）は、その7モデルの組織的な特徴をまとめている。また、パーディ（Pardee, 2004）は、アドバイジングの組織の実践形態を3つに分類している。両者の指摘には共通する部分があり、効果的なアドバイジングを行うための組織体制には一定のモデルがあると考えられる。

アドバイジングの実践組織の構造およびモデルの特徴、実践主体、長所および短所は、**表2-6**の通りである。

これらのモデルからは、教員や専任アドバイザー等の実践主体、組織形態、設置形態等ごとの傾向性も示される。たとえば、アドバイジングの内容に関して、教員は専門分野に関するアドバイジングを担当し、専任アドバイザーは大学や履修に関わる規則の全般的なアドバイジングを担っているというそれぞれの特徴がある。また、組織について、アドバイジング・センターには専任アドバイザーが常駐しているが、教員の場合はその限りではない。

「教員中心」モデルは、学生の専攻決定などに際して学術的な専門知識を必要とするアドバイジングである。そのため、各分野の専門性を有する教員それぞれがアドバイザーとしての力を発揮する。利点としては、学生が教員と

接触することで、大学での学習の動機づけを形成し、在籍継続率に好影響を与えていると考えられている。この点について、ナット(Nutt, 2003a)は、教員やピア・アドバイザーとの信頼関係が在籍継続率を向上させると論じたアスティンの研究や、学生の退学は学習や将来のキャリアについての明確な目標が欠如してキャンパス内での居場所を失うことに起因すると指摘したティントの研究を取り上げ、この「教員中心」モデルの有効性を主張している。

ただし、教員の場合、アカデミック・アドバイジングに関連する業務が雇用契約あるいはテニュアの条件として掲げられていなければ、アカデミック・アドバイジングへの動機づけは低くなりやすい。そもそも教員の主たる業務は教育・研究であり、兼務であるアドバイジングにあてる時間は限られているという事情もある。

専任アドバイザーあるいはカウンセラーがアカデミック・アドバイジングを担う「自己完結」モデルでは、専門的なトレーニング(研修)を受けた担当者がアドバイジングを実施する。彼らはアカデミック・アドバイジング・センターや事務局に常に在席しているため、学生にとっても接しやすい。学生の必要に応じた柔軟な対応も可能である。他方、専任アドバイザーたちの存在は、学生と教員や学術的な専門知識を持った人材とが交流する機会を奪ってしまいかねないとの慎重な見方もある。

専任アドバイザーがアドバイジングの主体となる「総合受入」モデルの場合、そして教員と専任アドバイザーとがアドバイジングを分担する「サテライト」モデルの場合では、どちらが中心になるかによって、上述の「教員中心」モデルあるいは「自己完結」モデルと同様の長所や短所が表れている。

アカデミック・アドバイジングを提供する実践者の長所と短所について、キング(King)は次のように指摘している(山田監訳, 2007)。「学生による接触、利用のしやすさ」「アカデミック・アドバイジング活動の優先度」「学生の成長に関する知識」については、教員は低く、専任アドバイザーが高いのに対し、「学問領域についての知識」「教職員への信頼度」については、教員が高く、専任アドバイザーは低いとされる。なぜなら、教員は学生の学問的な興味を引

表2–6 アカデミック・アドバイジング組織の7モデルの特徴と長所・短所

構造	モデル	実践主体	特徴(対象学生・内容)
分散	教員中心	教員	学科の学生 学科内で履修する授業に即したアドバイジングの実施
分散	サテライト	教員もしくは専任アドバイザー	専攻が決定するまでは専任アドバイザーのオフィスがアドバイジングに当たり、専攻が決定した後は教員がアドバイジングを担当する 入学から卒業まで一貫してアドバイジングを実施
集中	自己完結	専任アドバイザー(常勤もしくは非常勤)カウンセラー(教員)(ピア)	入学後のオリエンテーションから卒業までアドバイジング・センターでアドバイジングを担当
共有	補完	教員(専任アドバイザー)(ピア)	アドバイジングのための参考資料やキャンパス内のその他の支援が受けられる アドバイジング・オフィスでは学生の申し立てに対応し、移行可能単位の審査、学位査定を行う 受講プログラムについては教員がアドバイジングを担当する
共有	分担	教員 専任アドバイザー(ピア)	最初のアドバイジングは学科の教員アドバイザーとアドバイジング・センターでアドバイジングを実施 専門・専攻に関することは教員アドバイザーが対応し、それ以外はセンターの専任アドバイザーが対応する 専攻未決定学生についてはアドバイジング・センターが対応
共有	二重	教員 専任アドバイザー	専攻に関しては教員がアドバイジングを実施し、一般的な教育の課題や大学のポリシー、手続きに関してはアドバイジング・センターが担当する 専攻未決定学生は専攻が決定するまでアドバイジング・センターが対応
共有	総合受入	専任アドバイザー	全学生対象にアドバイジング・センターが担当 特別な事情(GPA実績、一般教育必修修了、副専攻コース修了等)が生じた場合は、自分の専攻の学科のアドバイジング・プログラムに紹介

長所	短所
①教員と学生との相互交流の促進(在籍継続率向上) ②学生が学習課題と実際の学習との関係を理解することを支援 ③学問分野やカリキュラム体系に即したアドバイジングが可能	①教員は自身の専門分野に関しては知識があるが、それ以外についてはわからないため、専攻未決定学生の支援にならない ②昇進やテニュアポリシーに関係なければアカデミック・アドバイジングに関与しない ③研究や授業に時間を費やすため、アドバイジングにかかる時間が少ない
①大規模大学や短期大学で、学部よりも小さな環境で接することができる ②進路未決定学生を援助する特別訓練を受けたアドバイザーを配置 ③アドバイジング・オフィスから教員へのシフトが学科内で行われるため、個人を尊重した体制で行うことができる	①アドバイザーが教員の場合は上記と同様 ②専任アドバイザーの場合、学生は教員や専門知識を持った人物との接触機会を逸する
①研修を受けた専任アドバイザーに優先的にアドバイジングを受けられる ②大学の全課程に関する一般的な知識により、学生を支援する ③アドバイジング実践者がセンターに常駐しているため、アドバイジングを受けに行きやすい(アドバイジング面談が容易にできる)	学生と教員間の相互交流を図れない
①教員がアドバイジングを行う想定で準備ができている ②アドバイジング・センターが調整を行い、教員を補佐する ③アドバイジングに関する情報センターの役割を果たす	①教員中心モデルと類似 ②最終決定は教員が行うため、学生にとってアドバイジング・センターの専任アドバイザーの信頼性は高くない ③特別なニーズを持つ学生への対応がうまくいかない
①専攻未決定学生などの学生へのアドバイジングについての研修を受けた専任アドバイザーが対応する ②リスクの高い学生へのアドバイジングがくり返し行えるため、学習成功への機会が多い ③専攻学部・学科の教員や専門職とコミュニケーションが取れる ④教員中心モデルと類似	アドバイザーの変更手続が難しい
①多種なアドバイジングを提供できる ②キャンパス全体を通じたアドバイジングの調整体制	①アドバイジングの責任所在がはっきりしていない ②学生はどちらのアドバイザーを訪ねて良いのかがはっきりしない。
①初期段階に力を入れている ②全学生が対象となる ③研修を受けた専任アドバイザーが担当する ④接触しやすい	①ある程度の人間関係ができた後、別の担当者に変更になる ②教員との接触機会不足

Habley & McCauley(1987); Pardee(2004); King(2008)を基に作成

き出すことができ、将来の職業上の計画を立てた後に、学生の必要性に合わせた学習計画を立案させるだけでなく、学生の模範的な存在となることができるからである。他方、専任アドバイザーについては、学生とその課題の変化に対応する存在として位置づけられ、個別事情に合わせた履修相談にみられるように、専門的な知識を持つ存在としてアカデミック・アドバイジングに関与しているからである。

専任アドバイザーは、文字どおりアカデミック・アドバイジングのみを専門的に引き受ける存在である。学生にとって接触しやすい存在でもあるという (Gordon, 1992)。さらに、彼らはアカデミック・アドバイジングの専門的な研修を受けており、学生の必要に応じたアドバイジングが可能である。キャンパス内の他部署との連携の上、必要に応じて適切な部署に学生を紹介することもできる[10]。

教員および専任アドバイザーのアドバイジングにはそれぞれに長所と短所がある。例えば**表2-6**の「分担」モデルにもあるように、専攻未決定の学生への対応は、アドバイジングの専門的な研修を受けた専任アドバイザーと各専攻の専門的知識を有する教員が協働してアドバイジングを担当することにより、最大限の効果が期待される。このように「補完」モデル、「分担」モデルあるいは「二重」モデルにみられる短所については、アドバイジング実践者による連携等の組織的改善により、効果的に対処できると考えられる。したがって、教員の研究や教育その他に係る仕事の質と量、アドバイジングに求められる専門的知見、学生の動機づけや満足度に応じて、「補完」モデル「分担」モデルあるいは「二重」モデルを基本モデルとすることが望ましいと考えられる。

次に、実際のモデル別の傾向をACT調査(第2回、第6回)の結果を用いて分析・考察する。**表2-7**は、大学設置形態別にみた、これら7つの組織モデルにおけるアドバイジングの実施率とその推移を1983年と2003年で比較したものである。

両調査で実施比率が最も高いのは「教員中心」モデルによるアドバイジングである。第2回調査と第6回調査を比較して、4年制私立大学では微増

(37%⇒39%) しているが、全体に占める比率は低下している (33%⇒25%)。他方、「自己完結」モデルは微増 (11%⇒14%) している。構造別においては、「分散構造」(38%⇒32%)「集中構造」(11%⇒14%)「共有構造」(51%⇒55%) であり、共有構造への移行傾向が見られる。その中でも分担モデルが増加傾向にあった (22%⇒27%)。

表2-7 アカデミック・アドバイジング組織の実施状況（ACT第2回（1983年）調査および第6回（2003年）調査の比較）

構造	組織モデル	第2回調査(1983年)					第6回調査(2003年)				
		2年制公立	2年制私立	4年制公立	4年制私立	全体	2年制公立	2年制私立	4年制公立	4年制私立	全体
分散	教員中心	26%	60%	32%	37%	33%	18%	36%	12%	39%	25%
	サテライト	5%	0%	6%	4%	5%	3%	9%	16%	5%	7%
集中	自己完結	27%	15%	1%	2%	11%	29%	12%	2%	5%	14%
共有	補完	12%	7%	19%	30%	20%	13%	21%	10%	26%	17%
	分担	23%	4%	36%	16%	22%	28%	9%	46%	17%	27%
	二重	4%	7%	1%	6%	4%	5%	3%	5%	3%	5%
	総合受入	4%	7%	6%	5%	5%	9%	9%	4%	6%	6%

Habley(2004); Pardee(2004)より作成（下線は著者による）

またモデルの採用には大学の設置形態ごとに傾向がみられるので、その点についても触れておく。2年制公立大学では「自己完結」モデル、「分担」モデル、「教員中心」モデルの比率が高い。私立大学 (2年制、4年制) では「教員中心」モデルの比率が高い。2年制私立大学では「補完」モデルの実施比率が上がっている。4年制公立大学では「分担」モデルの比率が最も高く、「教員中心」モデルは著しく減少している (32%⇒12%)。

したがって、アカデミック・アドバイジングの実施状況は、「教員中心」モデルのような個別的なアドバイジンよりも、「分担」モデル等に見られるような教員と専任アドバイザーとが協働するモデルの比率が増加傾向にあるといえる。

この協働型のモデルへの移行は、アカデミック・アドバイジングの目的がサポート（支援）から学生の抱える多様な課題の対応へと拡大していることに

由来していると考えられる。その背景には、大学に入学してくる学生の多様化、大学のミッションの多様化(Habley, 2000)といった近年の変化が挙げられよう。これらの学生ニーズに遅滞なく対応するには、単独による対応では現実的ではなく、協働型のモデルが必要とされたのである(King, 2008)。

第4節　まとめ
―― アカデミック・アドバイジングの現状と課題が示すもの

　以上、アカデミック・アドバイジング制度に関して、使命と目的、成果と評価、組織と担い手の現状について概観してきた。本節では、それらを改めて整理し、アボット(1988)、ハッセルブラッドとカリニコス(2000)の指摘も踏まえた上で、それぞれの課題を提示する。

(1) 使命と目的
　アカデミック・アドバイジングのミッションは大学のミッションの下に設定される。この大枠については専門職団体および先行研究者に共通する見解であった。
　しかし、アカデミック・アドバイジングのミッションに加えるべき内容は、それぞれ異なっている。ハッセルブラッドとカリニコス(2000)は、制度化の概念において、基本的な考え(Ideals)、実際に行動する方法(Discourses)、行動の成果を管理するための計測や検証する制度の開発(Techniques of Control)との間には、相互の関連性があると指摘している[1]。その指摘に準じ、本章ではアカデミック・アドバイジングを制度と捉えた上で、使命と目的、成果と評価、実践組織と担い手についての各専門職団体の見解を整理してきた。CASは大学のミッションに加えて専門的規準や学生の成果を、NACADAはCASの示した規準にアドバイジング実践者の責務を加えるよう指摘している。また、マーティン(2007)はNACADAの主張に加えて、具体的な目標までを含めることを提唱している。これらの主張から、アカデミック・アドバイジン

グのミッションには目的、実践者、成果の三つを評価と関連づけることが求められていると理解できる。

しかし、各大学は、これらの指摘を受け入れているのだろうか。というのも、これらの指摘は、専門的基準、学生の成果、責務等と幅広く、さらに具体的な目標までを含めている。ハッセルブラッドとカリニコスによる「基本的な考え(Ideal)」を超えるものとなっているのではないかと考えられるからである。

(2) 成果と評価

アカデミック・アドバイジングは、学生の満足度を向上させ、在籍継続率や卒業率の減少を食い止める効果があると指摘する声は根強い(Frost, 2000; Nutt, 2003a; Cuseo, 2002; Fleming, Howard, Perkins, and Pesta, 2005)。また、成果を上げるためには、教員と専任アドバイザーの協働によるアドバイジングの実施が有効であるとの積極的な主張も散見される(McCalla-Wringgins, 2000)。

他方、学生のアカデミック・アドバイジングに対する評価を見てみると、いくぶん厳しいまた否定的な意見があることも事実である。たとえば、カリフォルニア大学サンタクルーズ校の学部生を対象にしたアカデミック・アドバイジングに関するアンケート結果(Coffin, 2006)からは、「アカデミック・アドバイジングは強制的な面談である」「アドバイジングの実践者が気むずかしい」「アドバイジングの実践者は(書類に)ただサインをするだけである」「正確ではない情報を提供されたことがある」「インターネットで十分である」等の批判的な回答も寄せられている。

最後に、2節で述べたアカデミック・アドバイジングの成果設定と評価の検証についてそれぞれ補足しておこう。アドバイジングに求められる成果の範囲は相当に広がっていた。学生の在学中の成果に加え、卒業後の市民としての能力まで含めた長期的なスパンから成果設定がなされている。しかし、実際のところ、アドバイジングの成果を明文化している大学は4割程度に過ぎず、またその実践の成果を記録および管理する作業も大学全体としては定

着していない。確かに、アドバイジング・シラバスの作成は成果記録の1手段とも考えられるが、これに続く成果の作成と評価の実施は、依然として検討段階に留まっている。振り返れば、CASの『規準とガイドライン』に学生の成果に関する記述が加えられたのは2008年版からであった。アカデミック・アドバイジングの成果が意識されはじめたのはきわめて最近のことであり、現在は制度化に向けた発展途上にあるといえる。

ところで、これまでみてきたアドバイジングの成果および評価をめぐる議論は、その実践にどの程度反映されているのだろうか。評価に関して見ると、アカデミック・アドバイジングのミッションの設定、実践、評価、フィードバックというPDCAサイクルは理論的には確立しており、このサイクルの存在が、アカデミック・アドバイジングのアカウンタビリティを支えていた。実際の運用については、例えばスペリングス委員会報告では、あらゆる学生の学習成果を全米学生エンゲージメント調査(National Survey of Student Engagement: NSSE)や大学生学習評価(Collegiate Learning Assessment: CLA)等で測ることが求められ、学習に対する成果と学生の情緒的な面への貢献が目指されていた。その評価項目については、今後さらに精査されるべきであろう。

確かに、アカデミック・アドバイジングの成果を評価している先駆的な事例はいくつかある(Clearing house, NACADA)。しかし実際のところ、アドバイジングによる学習成果の主な指標として用いられているのは、従来からあるGPA、卒業率、在籍継続率である。このことは、学習成果に対するアカデミック・アドバイジングの効果は客観的に把握されにくいことを意味している。この点を改善しない限りはカウンタビリティの達成も非常に困難である。またアカデミック・アドバイジングの評価の難しさとその弊害は、特に専任アドバイザーにとって、自己の職務の存在と有意性を問われることにも通じてしまう。今後の課題であることは間違いない。

(3) 実践組織と担い手

アカデミック・アドバイジングの組織モデル(**表2-6**)に変化が見られるこ

とは、ACT調査によって明らかにされていた。アドバイザーの責務の変化やセンター数の増加と相まり、実践者の協働を基盤とする新たな組織モデルが徐々に定着している。その背景には、学生の多様化や学力低下などのアドバイジング対象者の変化、アドバイジング内容の増加に加えて、センター組織が学内におけるアドバイジング活動の中心的な役割を果たすようになった点が挙げられる。以下、詳しく見ていこう。

アドバイジング組織の形態は、大学の規模やミッション等を基準にして選択されるため、必ずしも共有構造（補完・分担・二重・総合受入）が最適であるとは限らない。にもかかわらず、近年、専任アドバイザーの携わる共有構造（補完型を除く）を選択する大学が増加しているのである。それはなぜだろうか。

もともとセンターは、教員と専任アドバイザーの組合せでアドバイジングを実践する組織であった。この移行の理由として、発達の視点に立つアドバイジング理論とその発展がもたらした影響が考えられる。この理論は、学生とアドバイジング実践者との密接な信頼関係を重視している。それにとどまらず、学生の目標を達成するためには、多角的な視点からのアドバイジングあるいは支援が必要となってくる。そのためには、アドバイジングの実践者個人の能力・知識だけではなく、他のアドバイジングの実践者や関係部署との連携もまた必要とされることは明らかである。この理念が取り入れられた結果、たとえば教員と学生支援系部署あるいは教務系部署との連携や学生支援系と教務系の両部署の連携・協働が進んでいることはその好例である。それは、学生の目標に沿った修学支援という共通の目的により他者とつながるという連結性（Abbott, 1988）に通ずるもので、今、このことを仮に「共有型への移行」と呼んでおこう。

ところで、この共有型への移行は、ACT調査では微増傾向にはあるが、今後も進むのだろうか。これを判断するにあたっては、まず次の二つの要因を考慮に入れなければならない。

一つは、社会的要請である。センター組織の確立は、社会の要請に対す

る大学側の回答である。すなわち、大学のユニバーサル化の時代にあって、入学してくる学生の多様化とそれに伴う大学のミッションの多様化(Habley, 2000)に対応するために、センター組織の設置が進んでいる(1998年調査の段階で、すでに公立4年制大学と公立2年制大学(カレッジ)では80％を超え、私立大学でも50％を超えた設置状況である)。さらに、学生の学力低下と学習目標の多様化に対応し、学位を取得させるための組織的な支援が必要とされた結果、アドバイジングは共有型に移行していったと考えられる。

　二つは、財政的な側面である。アドバイジング・センターはセンター独自の専任人員を要するため、学科内の専任アドバイザーや教員の兼務によるアドバイジングよりも経費がかかる(King, 2008)。私立大学での共有型の設立状況が公立大学と比べて低い背景には、このような事情がある。大学の経営が逼迫してくると、専任アドバイザーは人員整理の対象となる可能性がある。言い方を変えると、財政的基盤の弱い大学の場合、専任アドバイザーの雇用は、その必要性は明白であったとしても財政上の困難さに直面する可能性がある。

　最後に、アカデミック・アドバイジングの担い手たちの組織内における関係性に目を移してみよう。アボット(1988)は、制度は他者とのつながりの中で成立しており、そこには文化的支配あるいは支配観念が働くため、職業間の競争は特に専門職制度においては避けられないと指摘している。教員と専任アドバイザーは、アドバイジングにおいて担う役割がそれぞれ微妙に異なるため、歴史的にも両者の緊張関係が課題となっていた。とはいえ、現在では次のような方法でその調整が図られている。学科内のアドバイジングでは、教員と専任アドバイザーは他の業務と同様に学科の責任者の下に組織される。さらにセンター組織においても、センター責任者の下でアドバイジングを実施するため、彼らにはお互いに平等な立場であることを自覚させることができる。よって衝突は回避されるのである。また、アドバイジングの調整役としてコーディネーターやディレクターが台頭してきていることも、アドバイジングの質的転換という視点からは特筆に値する。彼らの登場は、アドバイ

ジング組織が協働体制へと発展を遂げた一つの証左であるといえるだろう。

注

1　ハッセルブラッドとカリニコス（2000）は、制度化の概念として「Ideals（理想）」、「Discourses（言説）」、「Techniques of control（管理の技術）」の3項目を提示し、これらは相互に関係すると述べている（図2-6）。ここでいうIdealsは、「基本的な考え」であり、肯定的に作業の実現の重要性の記述を指す。また、Discoursesは、「実際に行動する方法」であり、社会的役割や行動の規則を詳細に説明する人的資源に関する言説である。Techniques of Controlは、行動の成果を管理するために計測や検証する制度の開発を示している。

2　アボット（1988）は、専門職制度の特性について次のように指摘している。制度は①他者とのつながりの中で成立しているという「connectivity（接続性）」、②制度を運営する上での「dominance（支配）」、③概念化されていない部分が職務に含まれることを意味する「residuality（残余性）」、そして④「専門的知識が組織化される程度」の4つの特性を持つ。本項ではこの指摘を受け、専門職制度としてアドバイジングについて考えてみる。専門的知識が組織化される程度とは、たとえば競合する職業においては、自身の職務の立ち位置を明らかにし、その正当性を求めることである。

3　CASは1979年に設立された43以上の専門職団体のコンソーシアムである（White, 2006）。CASではこのほかに一般的規準、入学審査、成人学習者プログラムとサービス等40の規準を示している。

4　NACADAでは、CAS規準について「遂行すべき項目（must）」と「遂行を推奨する項目（should）」がわかるように示されている。

5　CASはアカデミック・アドバイジングに関する『規準とガイドライン』を1986年

図2-6　制度化の過程（Hasselbladh and Kallinikos）

に発表した後、1997年、2003年、2008年、2013年の計4回の更新を加え、発表している。
6 評価方法に関しては、『規準とガイドライン』(CAS)の「アセスメントと評価」項目で、「学生の学習と成果、プログラムに関する学内外のアカウンタビリティの期待に見合った適格な計画とプロセスを成立されなければならない。定期的アセスメントと評価を行わなければならない。定められたミッション、目的、学生の学習および発達の成果をどの程度満たしているのかどうかを測るために、アセスメントには質的・量的な方法論を含まなければならない。そのプロセスは、一貫性を保証するのに十分な評価手段を使用しなければならない。集められたデータは、学生や他の関係者からの回答を含んでいなければならない。」という指摘がなされている。
7 9つの目標は以下のとおりである。即ち、
①適切な教育計画の開発、②キャリア・人生目標の明確化、③適切なコースや他の教育経験の選択、④所属大学の必修要件の解釈、⑤学位取得に対する学生の取組みの評価、⑥学生の学習を向上させるために利用可能な施設設備の情報提供、⑦意思決定能力の向上、⑧学生を自律した学習者にすること、⑨学生のニーズ、経歴等のデータ収集とこれらのデータを活用した機関による意思決定、である。
8 CASによる学習と発達成果についての6項目は**表2-8**のとおりである（2009年）。

表2-8　CASによる学習と発達成果

学生の成果領域	成果領域の特徴
知識の獲得、統合、構築および応用	学問領域からの知識理解、知識を他の知識、考えや経験に繋げる、知識構築、日常生活に知識を関連づける
認知的複雑性	批判的思考、反省的思考、効果的論証、独創性
個人発達	現実的な自己評価、自己理解、自尊心、アイデンティティ発達倫理と誠実さ、精神的認識
人間関係能力	意味ある関係、相互依存、協働、効果的なリーダーシップ
ヒューマニズムと市民参加	文化や人間の相違の理解、グローバルな視点、社会的責任、市民としての責任認識
実践力	目標追求、効果的なコミュニケーション、技術的能力、個人的業務管理、キャリア開発管理、プロフェッショナリズムの実証、健康管理、意図的で満足した人生を送る

9 ACPA (American College Personnel Association)、ACUHO-I (Association of College and University Housing Officers-International)、NACADA、NASPA (National Association of Student Personnel Administrators)、NIRSA (National Intramural Recreational Sports Association) の7団体である
10 筆者はコーネル大学でアカデミック・アドバイジングを担当している教員にこの

点について聞いたところ、「学生の精神的な課題や経済的な課題などの個人的事情に関する相談については、専門的な研修等を受けている専任アドバイザーを紹介している」という回答を得た。

第3章　アカデミック・アドバイジングの現場を訪ねて
──4大学の組織・担い手・研修

　本章では、これまでの検討結果に基づきながら、事例研究を通してアカデミック・アドバイジングの実践を詳細に明らかにしていきたい。

　調査の対象としては、アメリカの東西に位置する4大学の文系、理工系の学科を選択した。カリフォルニア大学サンディエゴ校、同バークレー校、コロラド州立大学、ウエスタン・イリノイ大学である。

　ウエスタン・イリノイ大学はカーネギー大学分類（2010）で「修士課程（大規模プログラム）（Master's L: Master's Colleges and Universities（larger programs））」に入っている。その他の3大学も「研究大学／大変高い（Research University/ Very High）」に分類される、いずれもレベルの高い公立大学である。

　カリフォルニア大学サンディエゴ校アール・ウォレン・カレッジ（Earl Warren College）では、カレッジの全学生を対象に、大学やカレッジの教育方針、個人の計画および将来のキャリア目標の明確化のため、学生を支援するセンター組織としてアカデミック・アドバイジング・オフィスが配備されている。

　カリフォルニア大学バークレー校では、文理カレッジ（College of Letters and Science）と化学カレッジの化学学科（Department of Chemistry, College of Chemistry）の2か所を取り上げる。ここでは、文理カレッジの全学生を対象に、センター組織である文理カレッジ・アカデミック・アドバイジング・オフィスが、その戦略に沿ったかたちでアドバイジングを実践している。また化学カレッジの化学学科におけるアドバイジングは、学科所属の教員に加え、専任アドバイザーを配属した体制で行われている。

　コロラド州立大学ボルダー校エンジニア、応用科学カレッジ内の電

気・コンピュータとエネルギー工学科(Department of Electrical, Computer & Energy Engineering)では、学科所属の教員によるアドバイジングに加え、学士課程担当の専任アドバイザーと大学院担当の専任アドバイザーがそれぞれ1名配属され、学科内の学生に対するアドバイジングを行っている。

ウエスタン・イリノイ大学では、大学内の全学生を対象とし、アドバイジング・学習サービスセンター（Advising and Academic Services Center）の専任アドバイザーにより、学生が専攻を決定するまでの期間、必要に応じたアドバイジングを提供している。

以上の4大学のカレッジ・センター組織のアドバイジング担当者および学科でアドバイジングを担当している専任アドバイザーや教員に対して訪問調査を行った。その結果を踏まえ、第2章で明らかにしたアドバイジングの課題を検証していきたい。

調査での質問は、アドバイジングの「ミッション」「内容」「組織形態」「実践者」「評価」を共通項目として設定した。これらの聞き取りを通じて、先行研究では得られない実践事例の具体的な姿と状況の記述を目指す。また、センターや学科内のアドバイジング組織の特徴、文系あるいは理工系という学問分野によるアドバイジングの差異、教員および専任アドバイザーによるアドバイジングの特徴に加えて、第4章で詳述するアカデミック・アドバイジングの専門性や研修体制等の実態についても明らかにしていく。

カリフォルニア大学サンディエゴ校、コロラド州立大学ボルダー校には2011年2月に訪問した。続いて、カリフォルニア大学バークレー校には2011年3月に訪問した。カリフォルニア大学サンディエゴ校では、アール・ウォレン・カレッジ・アカデミック・アドバイジング・オフィス部長のジェイコブ・C・レーシー（Jacob. C. Lacy）氏、またコロラド州立大学ボルダー校では、電気・コンピュータとエネルギー工学科の専任アドバイザーのバレリー・マシューズ（Valerie Matthews）氏、大学院担当の専任アドバイザーであるアダム・サダフ（Adam Sadoff）氏、教員としてのアドバイジング経験が豊富なフランク・バーンズ（Frank Barnes）氏と面談をした。カリフォルニア大学バークレー

校では、文理カレッジ・アカデミック・アドバイジング・オフィスの副部長マリア・デパルマ(Maria Depalma)氏、加えて化学カレッジのアドバイジング担当ディレクターのサンドラ・レーリング(Sandra Rehling)氏と面談した。なお、ウエスタン・イリノイ大学については、2009年のNACADA年次大会で専任アドバイザーのニール・ハートネット(Niall Hartnett)氏と面談し、その後はメールによる質疑を行った。

第1節　カリフォルニア大学サンディエゴ校アール・ウォレン・カレッジ

(1) 大学の概要

　カリフォルニア大学サンディエゴ校(以下「UCSD」)は、アメリカ西海岸のカリフォルニア州南部に位置する。その教育課程は6つのカレッジで構成されており、それぞれのカレッジが独自のキャンパスを有し、さらに教養課程と指針を持っている。このカレッジ制度は、カリフォルニア大学系列の中でも特徴的である。各カレッジは大規模研究大学の小さなコミュニティとして存在し、教養教育と専門教育の両方を提供している。学生はいずれかのカレッジに所属する。

　学生の所属カレッジは、本人の希望がない場合、入学時の成績によってアドミッションの担当者から候補先として3カレッジが学生に提示され、両者の協議の上で1つのカレッジを決定する。ただし、必ずしも学生は希望どおりのカレッジに入学できるとは限らない。

　アール・ウォレン・カレッジは、サンディエゴ校4番目のカレッジとして1974年に設立された。カリフォルニア州の前知事でアメリカ最高裁判所長の名前に因んだカレッジ名を持つ歴史的には新しいカレッジである。UCSDの全学部の学生数は、2010年秋学期時点で23,663名であるのに対して、アール・ウォレン・カレッジの学生数は約1/6の約4,100名である。ほとんどの学生が2年生までは学内に居住する。UCSDの学部学生の概要として、その性別、修学形態、年齢、人種等を整理しておこう。性別は、男子学生49％、

女子学生51％の割合である。修学形態は、フルタイム学生が97％であり、年齢は24歳以下の学生が94％を占めている。次に人種に関しては、アジア人47％、白人25％、ヒスパニック／ラテン系14％が主である。2009年秋学期から2010年秋学期までの在籍継続率は、フルタイム学生96％、パートタイム学生34％である。卒業率は、4年間で卒業する割合は57％、6年間での卒業率は86％である（2004年秋学期入学生）(College Navigator, National Center for Education Statisticsより)。

カリフォルニア大学群のミッションは、そのホームページに次のように明記されている。「高度な知識を通じて社会的利益を継続して生み出し、新しい知識を発見するとともに、体系化された知識の宝庫として機能する高等教育の中心として社会に貢献することである。より具体的には、知識を発見、発展、普及させる中心的な使命に基づいて設計される学部教育、大学院や専門教育、研究やその他の公的サービスを含むことを義務とする。」である。なお、これは次節で取り上げるカルフォルニア大学バークレー校にも共通するミッションである。

アール・ウォレン・カレッジでは、信頼できる教養ある市民(Citizen Scholar)として生涯を通じて知的、社会的、専門的であるために、カレッジのモットーである「バランスある生活を目指して」に即した教育が提供されている。

ミッションは「学生がグローバルな社会で責任ある市民として行動するために必要な知識、社会性、意思決定スキルの習得」である。学生は様々なプログラム、サービス、リーダーシップの機会に参加することにより、UCSDでの学習経験を深めている。また厳格な学習カリキュラムに加えて正課併行活動により、バランスのとれた大学生活の中で、学生の目標を達成するための機会を提供している。ミッション達成のための目標としては、以下の6つの項目が設定されている。

・批判的思考や問題解決能力の重要性を自覚させる教育的なプロセスにより学生を成長させる

・一般教育コースを提供することにより、学生に成長や発展の機会を提供する
・多様な意見や考えを受入れ、肯定的な支援環境を創造する
・学生の学習や個人的成長、市民としての責任を促進するプログラムや機会を提供する
・大学や学部のプログラム、指針や実践に関する的確な情報を管理・提供する
・学生の成功を支援、助長するためにUCSDコミュニティ内で他部署と協働する

アール・ウォレン・カレッジでは、上述のミッションに記されているような学習機会を提供するために、ライティング・センター、アカデミック・アドバイジング・オフィス、学生支援の部署を用意し、ライティング・プログラムやオナーズ・プログラム、カウンセリング支援、インターンシッププログラム等の学習支援関連のプログラムを提供している。なお、これらの組織は図3-1に示した。いずれもプロボーストの管轄下にある。その中でもアカデミック・アドバイジング・オフィスは幅広い業務を引き受け、学生の学習に関する支援を行っている。次にこの点について詳しく見ていこう。

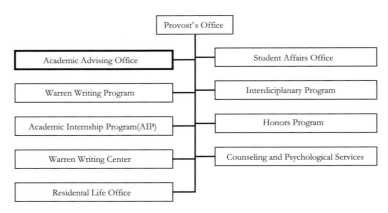

図3-1　アール・ウォレン・カレッジの組織
同カレッジの組織図を参考に作成

(2) アカデミック・アドバイジング・オフィス

　アール・ウォレン・カレッジのアカデミック・アドバイジング・オフィスでは、ミッションこそ提示されていないものの、オフィスの主要な目的は示されている。それは「学生が学習や個人的な目標を達成し、改善することを支援する。我々は学務やその他のキャンパス組織と協力し、学生がUCSDで成功することを支援する」である。具体的な支援内容としては、支援の範囲や情報提供等に関する7項目[1]が示されている。大学のミッションとアドバイジング・オフィスの目的との関連について尋ねたところ、「大学のミッションは大局的なものであり、アカデミック・アドバイジングのミッションとそのまま比較することは難しい。ただし、アドバイジング・オフィスでは、学生にできるだけ選択の機会を与え、学生自身の目的を広げてもらえるような方向づけをしている。」との認識であった。アカデミック・アドバイジングの実践においては、目指すべき方向性としてのミッションの設定も重要だが、具体的な目標と支援内容を示すことの方が、学生の理解を得やすいこともあって機能的であるとも考えられる。

　アドバイジング・オフィスの取組みは学生の学習支援である。その内容は、主に「学習に関するアドバイジング」「情報提供」「学生の学習状況の把握」「履修に関する事務手続」「学生に対する関連部署等の紹介」である。より具体的には、リベラル・アーツに関連する必修科目、専攻決定、副専攻の決定等の履修に関わるアドバイジング、これらの履修に関連する情報提供、学生の履修状況の把握と変更手続きである。さらに、関連する他の学習活動の紹介や他大学との相互交流の紹介も行っている。支援の対象となる学生は、授業選択に困っている学生や学習に対する準備不足の学生である。

　アカデミック・アドバイジング・オフィスの利用は、学生の任意によるものであり、必須ではない。学生は必要に応じて、予約不要の短時間の面談対応(Walk-In)、予約した上での個人面談(Individual Appointment)、インターネットを活用した情報提供(Virtual Advising Center)の3つの形態から選択してアドバイジングを受ける(表3-1)。このほかに、新入生全員を対象とした全体オリエ

表3-1　アドバイジングの形態（アール・ウォレン・カレッジ）

ウォーク・イン (Walk-In)	一般的な内容の質問事項に関して、予約なしでアドバイジング・オフィスに立ち寄り、10〜15分程度のアドバイジングを受ける制度である。この場合、学生の申込手続として、オフィス内に設置されている登録用装置に学籍番号を入力する。学生が立ち寄った時間に対応可能なアドバイザーが、コンピュータから当該学生のデータを収集し、面談対応に当たる。そのため、毎回同じアドバイザーが対応するとは限らない。
個人面談 (Individual Appointment)	毎学期の第3週目〜最終週の間にアドバイジングを受けるための予約制のアドバイジング制度である。学生は受付で希望日時を告げる。受付および調整担当の専任アドバイザーにより、予約の調整が行われる。このシステムでは希望すれば、毎回同一のアドバイザーと面談することも可能である。
オンライン・アドバイジングセンター (Virtual Advising Center) (VAC)	アカデミック・アドバイジング・スタッフが提供するオンラインの通信手段である。情報は機密性が保持されており、学生からの連絡後2日以内に返信される。

ンテーションが開催されている。

　アカデミック・アドバイジング・オフィスは、第2章第3節(3)で示した7つのモデルの中では「自己完結」モデルにあたる。メンバーは部長（Jacob, Lacy氏）のほかに専任アドバイザー6名、専任アドバイザー補1名および学生アシスタント5名で構成されている。アール・ウォレン・カレッジでアカデミック・アドバイジングを担っているのは、これら専任アドバイザーに限られる。教員は正式なアドバイザーではなく、オフィス・アワーの時間などを利用して学生を支援する程度である。なお、アドバイジングの対象学生数は4,100名である。

　アカデミック・アドバイジング・オフィスの専任アドバイザーの役割としては、学生の目標設定や履修選択への支援、学生の学習状況の把握、個々の学生の事情に即した支援、学内の関連部署や資料の紹介がある。

　次に、その専任アドバイザーたちの職務の専門性を取り上げる。上述した役割を担うためには、学内事情あるいは高等教育に関する知識に加え、アドバイジングの際に学生の状況を聞き出すための技術や適切な学生対応などが

要求されていた。このオフィスでは、アドバイザーの採用時に求める専門性として、カレッジ内での特殊な事情もあるため、学内事情の理解、つまり学内の規則やその他の事情についての知識を求めている。

　採用後の研修制度としては、新人アドバイザーと他のアドバイザー（アドバイザーとしての経験を有する）を対象とする2種類の制度が用意されている。新人アドバイザーの研修では、アドバイザーに必要とされる基本的な情報等が提供される。他のアドバイザーの研修となると、アドバイジングに有効な情報のなかでも最新ものが取り上げられる。その他には、年に1回、2日間の日程で開催されるカリフォルニア大学群全体の共同ワークショップ[2]などもある。またNACADAが主催する研修への参加のついては「予算が潤沢であった頃は全員で参加していたが、現在は遠隔地への研修参加は難しくあまり参加できていない。」[3]とのことであった。

　とはいえ、学内にはアドバイジングの内容分析とその改善を目指すタスク・フォースが組織され、アドバイザーの学内研修制度の設立の必要性も認識されており、訪問時には正式な研修制度を設立する方向で計画している段階にあった。アドバイジングを行うためのコミュニケーション、困難を抱えた学生へのアドバイジングに際して要求される対応方法、またコンピュータのスキルなどについても、研修内容として考えられている。

　その一方で、アカデミック・アドバイジング・プログラムやアドバイジングの効果を測るための評価は実施されていない。ただし、「アドバイジングの実践者に対する評価責任はプロボーストが担っており、毎学期に全てのアドバイザーを対象とした非公式な面談」が人事評価として実施されているという。

　学生によるプログラム評価は、2～3年前までは実施されていたが、訪問時には行われていなかった。その理由は、予算が削減された結果、学生からプログラムに対する改善や要望等の指摘を受けても対応できないからだという。評価に関してもまだ財政的に可能な段階ではない。

　アドバイジング実践者にとって、ミッションは業務の基本である。しかし、

本カレッジでは目的が示されているのみであり、アカデミック・アドバイジングのミッションは示されていない。また、実践で必要な専門性を向上するための研修制度は整備されておらず、アカデミック・アドバイジングに対する評価も実施されていなかった。これらは今後の課題であろう。ただし、その背景には予算削減が大きく影響している点を看過してはならない。

第2節　カリフォルニア大学バークレー校

　カリフォルニア大学バークレー校では、専攻決定までのアドバイジングを担当する文理カレッジのアカデミック・アドバイジング・オフィスのほかに、学生寮でのアドバイジング、専攻決定後の各専門分野でのアドバイジングを担当する部署が併在している。調査は、文理カレッジ・アカデミック・アドバイジング・オフィスおよび化学カレッジ内の化学学科のアカデミック・アドバイジングの2つの担当部署を訪問し、それぞれの担当者にインタビューを実施した。

　インタビューに応じてくれたのは、文理カレッジのアカデミック・アドバイジング・オフィスのアシスタントディレクター（DePalma, Maria氏）と化学カレッジのアドバイジング担当ディレクター（Rehling, Sandra氏）である。

　まず、バークレー校の大学概要とミッションを説明し、その後それぞれの部署によるアドバイジングの実践をまとめていこう。

(1) 大学の概要

　カリフォルニア大学バークレー校はサンフランシスコのダウンタウンからBARTと呼ばれる電車で40分程度の距離にあるベイ・エリア、バークレー市に位置する。その設立は1868年で、周知のようにカリフォルニア大学群の中で最も古い歴史を持ち、同大学群の基幹校である。また、2011年までに70名のノーベル賞受賞者を輩出しており、世界的にも傑出した大学として知られている。文理、経営、化学、教育、工学、環境デザイン、情報、報道、法

律、天然資源、公共政策、社会福祉やビジネススクール等の14のカレッジとスクールで構成されている。

バークレー校の学部学生はフルタイム学生24,929名（98％）とパートタイム学生611名（2％）で構成されている。男女比は男性47％、女性53％である。人種は、アジア／太平洋諸島系43％、白人系33％、ヒスパニック系13％が主である。24歳以下の学生が93％と大半を占める。在籍継続率は、正規学生97％、パートタイム学生87％と高い。卒業率は、2004年秋入学の学生のなかで4年間で卒業した割合は69％、6年間で卒業した割合は91％である（College Navigator, National Center for Education Statistics より）。

文理カレッジの場合も、ミッションは示されていない。ただし、「人生の知的な冒険」と題した学部生向けのホームページ内では「卓越した高いレベルでの活気に満ちた幅広い教養教育による知的冒険の提供」を約束し、そのために「世界的にレベルの高い教授陣や研究者との意見交換に携わることができる」と説明されていた。先にみたカリフォルニア大学サンディエゴ校のように、ミッションにつながるような目標は設定されているといえよう。

(2) 文理カレッジ・アドバイジング・オフィス（Office of Undergraduate Advising, Letters and Science Advising）

文理カレッジのアカデミック・アドバイジング・オフィスのミッションは、以下の4項目である。
・学生の成功を支援する（特定課題に対処し、予定どおり卒業させる）
・全学生を対象とした一般的質問について信頼できる支援を提供するとともに、特殊なケースにも対応する
・大学の方針を支持し、説明し、具体化する
・教養教育の価値を推進する

これらは、アドバイジングの実践者が実施すべき支援の方向性を明確に示している。学生の卒業を目的とし、一般的な課題や個々の学生の特殊事情についても支援する。さらに、大学の方針や教養教育についても言及している。

この4項目はカリフォルニア大学群あるいは文理カレッジで掲げているレベルの高い教育を提供するという目標に準じたものと考えられる[4]。なお、大学のミッションに基づいたアカデミック・アドバイジングのミッション自体の作成は、まだ検討中とのことであった。

　文理カレッジ・アドバイジング・オフィスの取組みは、学生の専攻決定への支援、すなわち「支援活動」「アドバイジング」「情報提供」「事務手続き」「他部署への紹介」である。具体的には、専攻への移行、履修に関わる課題、修学のための時宜に即した支援活動、履修登録や専攻(含ダブル・メジャー)に関するアドバイジング、海外での教育プログラムに関する情報提供、卒業や専攻に関わる単位修得状況の精査、不服申立て手続き、問題を抱える学生の履修登録停止(ブロッキング)、学位認定、後期入学／再入学等の事務手続きと以上の事柄に関連する部署への紹介である。

　方法としては、グループ面談、上級生(ピア学生)による支援、予約なしの面談対応(Drop-In)あるいは予約した上での面談、受付での相談(Intake)のほかにeメールや電話等によって対応している。このほかに、オリエンテーションや説明会も実施しているという。

　オフィスの構成員は、2人のアシスタントディレクターのほかに、18名の専任アドバイザー(うち1名はIRも兼任)、1名の受付担当アドバイザー(Intake advisor)、7名のピア・アドバイザーである。組織モデルとしては「総合受入」モデルに該当する。つまり、入学後の最初の2年間(専攻が決定するまで)は、アカデミック・アドバイジング・オフィスが全学生を対象としたアドバイジングを行い、その後は専攻担当の教員等がアドバイジングに当たる制度を採用している。なお、対象学生数は2,800名である。

　次に役割と専門性を見ておこう。アドバイジング・オフィスの専任アドバイザーが担う役割は、「専攻移行に関連する支援」「情報提供」「事務手続き」「関連部署の紹介」である。この役割を果たすためにアドバイザーには、大学の規則や手続きに関する知識や学生に的確に対応できる態度が求められている。そのほかに求められる能力や資質としては、献身性、誠実さ、学生や関係者

との相互理解、協働性に関する資質がある。また、同僚と協力し学生が継続的にアドバイジングを受けられるような環境の提供、明確な目標設定を通じた学生の学習成果の達成、アドバイジングの実践者としての継続的な学習なども求められていた。本オフィスでは、専任アドバイザーとしての継続的な能力向上が要求されるといえるだろう。

通常、アドバイジングの実践者には高レベルの経験が求められるが、受付担当(Intake advisor)に関しては、大学院修了直後の人材を採用する場合もあるという。アドバイジング・オフィス・ホームページ内には、専任アドバイザーを紹介するページがある。その中で、学位に関して、経歴を明らかにしているアドバイザー(9名)のうち6名が修士の学位を取得している。その専門分野はカウンセリング、教育、高等教育、マネジメントの分野である。また、これまでの職業経験に関しては、他大学での学習カウンセリング、学生担当部署、アカデミック・アドバイザーとしての勤務経験が記されていた。

次に研修については、継続的な研修と新採用者に対する研修が実施されている。継続的な研修は、多いときは週1回あるいは2週間に1回の頻度で実施されている。その内容としては、アカデミック・アドバイジングの実践で必要となるテーマを選択し、90分程度のディスカッションを行っているという。たとえば、留学生への対応方法について、国際交流担当者を講師として招いた研修等がある。

新人アドバイザーに対する研修は、作成されているモジュールに従って行う。アドバイジングに関連する文献の読み込みと担当メンターによる面接にはじまり、メンターのサポートつきでのアドバイジング、そして最終的には新人アドバイザー単独のアドバイジングというステップになっている[5]。

学生に期待される知識、能力、態度に関する学習成果としては以下の4項目が示されている。

・学生は、カリキュラムの有用性と目的に関連した学位取得の要件を理解する
・学生は、学位取得要件を満たすために責任を持った行動をする

・学生は、自身の学位やキャリアの目標について、情報に基づいた意思決定をすることができる
・学生は、その能力、願望、興味や価値に基づいて、自身の学習計画の進捗状況の確認をすることができる

　これらの点について、予算や人員配置も計画され、訪問時点で実施の準備段階にあった。具体的には、インターネットを利用した学生による評価を行い、その集計結果を用いてアカデミック・アドバイジングの実践に対する改善・検討を行う予定であるという。実現すれば、2章で述べたアカデミック・アドバイジングの構造(イメージ)に沿ったアドバイジングが行われることとなる。

　また本オフィスでは、アドバイジングによる学習成果の評価が計画されている。全体の雰囲気としては、アドバイジングの実践者に求められる専門性を意識し、専任アドバイザーとしての自覚をもった積極的な姿勢が見られた。ただし、これらに関連した研修等の実施には至っていない。

(3) 化学学科(Department of Chemistry)のアカデミック・アドバイジング

　バークレー校化学カレッジでも、アドバイジングのミッションは提示されていない。ただし、アドバイジングについては「学生が履修計画をし、興味のある選択を支援するために、アドバイザーとして教員が割り当てられる」との説明がある。

　アカデミック・アドバイジングの取組みとしては、学生の修学支援と学生生活へのサポートが行われている。それは主として「事務的処理」「アドバイジング」にあたる。具体的には、専任アドバイザーが実施する履修の取り下げ、履修状況の確認(卒業必修単位等)、学生の個人的あるいは健康上の課題に対するアドバイジングや相談である。ただし、これらのアドバイジングは、専任アドバイザーのカレッジ業務の一部という位置づけであった。つまり、専任アドバイザーは、アカデミック・アドバイジングのみを行っているわけではなく、カレッジに関連する他の業務にも携わっている。特定の教員がア

ドバイザーとして、継続的なアドバイジングを行っている。その内容は授業や研究、そしてキャリアも含むという。なお、サバティカル等の特殊事情によって担当者は変更される場合もある。

　アドバイジングの組織には、各学生に指定される教員アドバイザーのほかに、アドバイザーとして学部長1名、さらに専任アドバイザー4名が配置されている。それぞれ新入生担当(1名)、カレッジ担当(3名)、編入生担当(1名)との区分が設定されている。先に示した組織モデルの中でいう「教員中心」モデルに当たる。800名の学生を対象とし、学生1人に教員1名がアドバイザーとして割り当てられ、決められた期間内に面談をすることが義務づけられている。なお、アカデミック・アドバイジングの組織的なヒエラルキーは、カレッジ長⇒学科長⇒アドバイジング実践者(教員・専任アドバイザー)となっていた。

　教員が担うアドバイジングの役割は専攻に関する支援であり、それと関連して進路(キャリア)の相談、また授業や専門分野についての助言も行っている。他方、専任アドバイザーは、履修に関わる事務的な支援を中心として、学生の個人的・健康的な状況について把握し、これに関わるアドバイジングも行っている。また各学生の記録として個人カルテ(紙媒体)が作成されており、アドバイジングを実施する場合に共用されている。この学科でのアドバイジングは、専攻決定後であるため、教員が主として担っており、専任アドバイザーはそのサポート役と認識されている。

　したがって、教員には自己の専門に加えて、学内の履修要件や専攻に関連したキャリアについての知識、また学生に対応するための適切な態度が求められる。専任アドバイザーについても、学内の履修手続きに関する知識と学生のプライバシーに配慮した適切な態度・対応が求められる。両者に求められるこれらの専門性は共通しているが、アドバイジングでの担当業務の違いがあるため、その内容は異なっている。

　教員は、自己の経験からアドバイジングを行うことができると考えられており、特別な研修は実施されていない。他方、専任アドバイザーを対象とす

る研修は、例年2日間の日程でセッションが設定されているが、予算の関係で変更されることもある。また、カリフォルニア大学群全体の連携による研修にも参加している。そのほかに、カレッジ内で特別な研修制度は設けられていないが、毎月ワークショップが開催されている。たとえば「学生の成功に焦点を当てて」というカンファレンス等である。

　アカデミック・アドバイジングによる成果は設定されておらず、正式な評価制度も特に導入されていない。しかし、卒業学年の学生を対象としてカレッジ全体についてのオンライン調査は実施されている。

　化学学科のアドバイジングに関しては、教員に学生が割り当てられており、教員によるアドバイジングへの関与は高いと考えられるが、教員対象の研修は先の理由から、開催されていない。また、ミッションや目的が明文化されておらず、アドバイジングについての評価も行われていない。これらを見る限り、アカウンタビリティへの対応の必要性は、それほど認識されていないようにも見える。

第3節　コロラド大学ボルダー校

　コロラド大学ボルダー校(University of Colorado, Boulder)では、専攻決定のアドバイジングを行うアカデミック・アドバイジング・センター（Academic Advising Center)のほかに、各学科に専任アドバイザーを配置している。エンジニアと応用科学カレッジ内の電気・コンピュータとエネルギー工学科の学科担当専任アドバイザーのマシュー氏と、同学科で教員としてアドバイジング経験を持つバーンズ教授を訪問し、アカデミック・アドバイジングに関するインタビューを行った。

(1) 大学の概要

　コロラド大学は、1876年に設立された州立の総合大学である。キャンパスの建物は赤い屋根瓦と温かみのある薄茶色の壁で統一されており、ロッキー

山脈の麓、美しい自然に囲まれたキャンパスである。教育課程は、建築学と設計、人文科学、エンジニアと応用化学、音楽の4カレッジと、リードビジネス、教育、ジャーナリズムとマスコミ、法律の4スクール等で構成されている。

学部学生数は、26,648名（2010年秋）であり、通常学生が91％を占め、残りの9％がパートタイム学生である。男女比は、男性53％、女性47％である。年齢に関しては、24歳以下の学生の割合は93％である。在籍継続率は、通常学生85％、パートタイム学生63％であり、6年間での卒業率は68％である（College Navigator, National Center for Education Statisticsより）。人種的マイノリティは16％、留学生は4％である。

大学のミッションとしては、「学士、修士、博士の学位プログラムを配する大学院を有する研究大学である」というコロラド州制定法からの抜粋が掲載されている。大学のビジョンは、研究大学を強く意識し、大学院生および学部学生に対する研究成果や教育プログラムを提供することに責任が示されている。

(2) 電気・コンピュータとエネルギー工学科(Department of Electrical, Computer, & Energy Engineering)のアカデミック・アドバイジング

電気・コンピュータとエネルギー工学科のアドバイジングには明文化されたミッションは存在していない。これは学生が適切な時期に卒業していくためだと考えられている。

同学科のアカデミック・アドバイジングでは、修学支援と学生生活への配慮が行われている。それは主に、「履修相談」「事務手続きの補助」「修得単位の確認」「連絡」「相談窓口」である。具体的には、カリキュラム内の必修科目および選択科目の履修選択、卒業必修科目や必修科目に関する説明、履修相談・アドバイジング、卒業必修単位の修得状況の確認と必要事項の連絡等である。全学生の修得単位を確認し不足事項等があれば学生に連絡をとる。3年次[6]には全学生と面接を実施し、卒業に必要な履修登録や修得単位等の状

況について学生と一緒に確認をするという。

　教員は、担当する学科や授業または専門分野に興味を持っている学生を対象としてアドバイジングを行う。その内容は、学生の興味や関心、選択する授業と進路との整合性を考慮に入れ、履修や授業に関するアドバイジングや情報提供を行うことである。また、必要に応じて推薦書を作成する。教員のアドバイジング内容は、教員自身の専門分野あるいは担当授業に関わる範囲が主である。

　様々な課題に直面した学生にとっての最初の窓口は、学科の専任アドバイザーである。専任アドバイザーは、学生の課題に沿って適切なアドバイザー（教員もしくは専任アドバイザー）の選択を行う。たとえば、教員はカリキュラム要件については詳しくないので、これは専任アドバイザーが担当している。

　上述のとおり、アカデミック・アドバイジングは、教員と専任アドバイザーが分担して行っている。各学生に教員1名がアドバイザーとして指定される。学科に配属されている専任アドバイザーは、学士課程担当1名、大学院担当1名の計2名である。前述の7つの組織モデルのうち、「教員中心」モデルに当たる。対象となる学生数は、345名である（2011年2月現在）。

　教員のアドバイザーとしての役割は、専門・専攻の導入についての支援とその後のフォローである。専任アドバイザーは、事務的な補助に加えて、学生の個人的事情への相談やアドバイジングを担当する。

　アドバイジング実践者に求められる能力について、教員および専任アドバイザーそれぞれに尋ねた。教員からは、学生の経歴（バックグランド）を理解すること、学内で開講している授業を把握することの2点が指摘された。他方、専任アドバイザーは、アドバイジングを受ける側（学生）の話を聞くこと、問題を理解し解決への支援ができること、時間がかかる課題の場合でも学生を継続的に応援し励ますことという3点を挙げた。両者に共通することは学生を理解しようとする姿勢であり、両者ともに学生とのコミュニケーションを重視している。相違点としては、教員はアドバイジングの際に専門分野に関する知識の高さが必要とされるのに対し、専任アドバイザーは学生とのコ

ミュニケーションやそこでの対応力・判断力が求められている点があげられる。

　アドバイジングに関する研修は、教員には実施されていない。教員同士が学生に対する指導（アドバイジング）について話す程度である。他方、専任アドバイザーには、カレッジ全体の専任アドバイザー（12名）を対象とした集会が月1回程度開催され、アドバイジング実践で共通する課題や問題についてそれぞれの経験や情報を交換する機会が設けられている。なお、新人アドバイザーが採用された場合には、それに合わせた内容をテーマとして協議する場合もある。この他に、学内の学芸カレッジ（College of Arts & Sciences）の熱心な専任アドバイザーを中心とした、任意参加によるキャンパス全体で協議の機会もあるという。なお、NACADAが実施する研修は、新しい知識を得ることができるために有意義だと考えられている。

　カレッジレベルで教員および専任アドバイザーを対象として、上司による評価（Senior Survey）が学期ごとに実施されている。しかし、アドバイジングのプログラム評価は実施されていない。

　さらにアドバイジングのミッションは明文化されていない。教員によるアドバイジングは専ら、自己の経験等に委ねられており、組織的な研修は実施されていない。また上述したように、プログラム評価は実施されておらず、アドバイジングの実践に対する客観的な視点はないように思われる。専任アドバイザーは、教員の補助者なのか、あるいはコーディネーターなのか、その位置づけについても曖昧な印象を受けた。なお、インタビューの過程で、情報収集等の手段としてNACADAに対する信頼はかなり高いことは伝わってきた。

第4節　ウエスタン・イリノイ大学

　ウエスタン・イリノイ大学（Western Illinois University）のアドバイジング組織は、学科、アドバイジング・学習サービスセンター、学習支援オフィスの3タイ

プが存在する。筆者は、この中からアドバイジング・学習サービスセンター（University Advising & Academic Services Center）の専任アドバイザー（Hartnett, Niall氏）に対してインタビューを行い、その後必要に応じて追加の質疑応答を行った。

(1) 大学の概要

ウエスタン・イリノイ大学は、シカゴから約320キロ離れたマコムという町に位置する。学部構成は、農学、ビジネス技術、教育と福祉、美術の4カレッジで、学部学生数は、10,474名であり、正規学生91％、パートタイム学生9％、男性52％、女性48％の比率である。そのうち、人種に関しては白人学生が75％を占め、次いで黒人あるいはアフリカ系アメリカ人が11％、ヒスパニック／ラテン系が6％である。24歳以下の学生は86％、25歳以上は14％である。在籍継続率は73％であり、卒業率は、4年間33％、6年間58％である（College Navigator, National Center for Education Statitics より）。

大学のミッションは、「学識深く、多様な学生層がグローバル社会に進出し、貢献するために教育を提供し、その準備のための学習に専念するコミュニティとして教育、研究や公的サービスに特化した相互作用を介して、世界の変化に大きく肯定的な影響を与える」とされている。

(2) アドバイジング・学習サービスセンター(University Advising & Academic Services Center)

アドバイジング・学習サービスセンターのミッションは、大学のミッションと関連して以下のように定められている。そして、センターでは、修学の目標が定まっていない学生を対象としたアドバイジングやサービスを提供する。すなわち、センターが担っている最初の機能は「専攻決定への支援」であり、専攻未決定学生への「アドバイジング」「事務的補助」である。全学生の専攻決定に向けた基礎的な基盤として、まず一般教育カリキュラムについて全学生を対象としたアドバイジングを実施する[7]。最終的に選択するコースや専攻と同様に予備専攻コースについてのアドバイジングも行う。さらには、

図3-2　アドバイジング・学習サービスセンターのミッション

> 私たちは学生が学習目標を発見し、設定し、到達することを支援する。
> 私たちが対象とする学生は、
> ・専攻を選択せずに大学に入学してきた専攻未決定学生
> ・正規の入学基準を満たしていない代替入学プログラムを通じて入学した全専攻の新入生
> ・移行アドバイジングプログラム(Transitional Advising Program)で専攻を変更する学生
> である。

スタディ・スキル支援、カウンセリング、キャリアガイダンスや履修登録の支援も行う。

　他方、学科や教員によるアドバイジングでは、学生の大学院進学や職業への準備、専攻科目、学位取得、専門的な達成に重点が置かれている。そこでは専攻に関連するインターンシップや研究経験のコーディネートも含まれる。なお、教員によるアドバイジングは、美術、音楽と演劇の各学科では見られるが、その他では存在していない。

　実施形態は、グループ面談、予約なしの面談対応(Drop-In)のほかセミナー等を開催している。

　個々の学科には、教員ではなく専任アドバイザーが、専攻担当のアドバイザーとして配属されている。その人数は、各専攻に1名、規模の大きい専攻では複数名である。

　アドバイジング・学習サービスセンターは「総合受入」モデルのアドバイジングを実施している。人員は、ディレクターのほかに専任アドバイザー9名、支援スタッフ3名、大学院生3名で構成されている。学務担当副学長すなわちプロボーストの監督下にある。教員アドバイザーと学科所属の専任アドバイザーとの関係を示すと以下のとおりである(図3-3)。

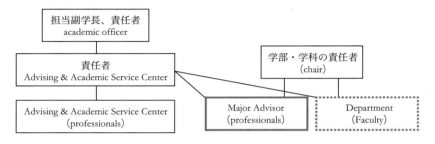

図3-3 アドバイジング・学習サービスセンターの組織図
(ウエスタン・イリノイ大学組織図より)

　専任アドバイザーは、学生の専攻決定のための補佐的な役割を担っており、学生に必要だと考えられる履修に関するアドバイジングと履修登録の補助を行っている。これらは、ミッションで明示されているところである。学内の規則・手続きに関する知識を持つことと、学生を専攻決定に導く態度や対応力が必要とされている。教員は専攻に関連するインターンシップや研究経験をコーディネートする。ただし教員は、上で触れたように、芸術系分野には配置されているが、その他の分野には配置されていない。芸術系分野では、教室や劇場スペースを活用した実践が多く、教員による学生へのアドバイジングが他の分野よりも必要であると考えられているためである。

　研修機会は、大学全体とセンターで1年を通して提供されている。学外から講師を招く場合やアドバイザーが研修モジュールを作成し、実施する場合もある。少なくとも年に1度(通常は8月)、学内のアドバイザーが講師となり、アドバイジングに関する新しい方法や活用可能な技術を習得するために1日の研修が行われる。参加は強制ではないが、専任アドバイザーは研修の実施を歓迎している。アドバイジング・学習サービスセンターや学科所属の専任アドバイザーは研修に出席するが、教員が研修に参加することは稀である。

　センターの活動に対する評価は実施されていない。アカデミック・アドバイジングを統括する委員会が検討している段階であった。調査時点では、学生とアドバイザーへのアンケートを定期的に行う方向で検討されていた。

ウエスタン・イリノイ大学では、評価は実施されていないが、委員会での協議は既に始まっているため、そちらでの議論が期待されるところである。なお、教員に対する研修も行われていないとのことであった。

第5節　まとめ
——訪問大学から窺えるアカデミック・アドバイジングの現状と課題

　訪問4大学のアカデミック・アドバイジングの実施状況をまとめると**表3–2**のようになる。ここでは、アカデミック・アドバイジングのミッション、その機能、組織形態、そしてアドバイジングの担い手と研修、成果と評価の観点から、アドバイジングの現場の実態を総括し、第2章で示した課題を検証する。

1）ミッション

　アドバイジング実践者にとって、実践の基本と考えられるアカデミック・アドバイジングのミッションは必ずしも明文化されてはいなかった。仮に、明らかにしている場合でも、大学のミッションは大きな視点に立った指針であり、アカデミック・アドバイジングのミッションにそのまま直結するものでもないと認識されている。しかし、それは大学のミッションから外れて設定されているわけではない。たとえば、アール・ウォレン・カレッジのようにアドバイジング・オフィスの目的である「学生自身の目的を広げ選択の幅を広げる機会提供」は、カレッジの「学生の学習や個人的成長、市民としての責任を促進するプログラムや機会を提供する」というミッションと関連しているといえる。

　ミッションが設定されていないアドバイジング・オフィスにおけるアカデミック・アドバイジングの実践では、目的がミッションを補う役割を果たしているのかもしれない。今回の訪問調査結果からは、アカデミック・アドバイジングの実践に際して、必ずしもミッションの設定は必要とされていないと捉えられる。それは各アドバイザーが自らの経験に依拠した学生対応に終

表3-2 調査大学別アドバイジング組織の現状

訪問先番号	ミッション ○有／×無	機能	組織形態（モデル）	アドバイジング実践者と研修	学習成果と評価 ○明文化／×明文化無	当該大学の課題
1	×	「学習に関するアドバイジング」「情報提供」「学生の学習状況の把握」「履修に関する事務手続」「学生に対する関連部署等の紹介」	センター組織（自己完結モデル）	専任アドバイザー7名 専任アドバイザー補1名 学生アシスタント5名 学内新人研修 学内最新情報研修 大学群共同ワークショップ NACADA研修 研修制度確立の方向	×	ミッション設立なし 成果と評価設定なし
2	○	「支援活動」「アドバイジング」「情報提供」「事務手続き」「他部署への紹介」	センター組織（総合受入モデル）	アシスタントディレクター2名 専任アドバイザー18名 受付担当アドバイザー1名 ピア・アドバイザー7名 継続的研修週1,2回 新人研修	学生の学習成果 ○ 評価 未実施	試行段階
3	×	「事務的処理」「アドバイジング」	学科（教員中心モデル）※必要に応じて教員と専任アドバイザーが情報交換	学科所属教員 専任アドバイザー（他業務と兼務）5名 セッション年1回（2日） カレッジ内ワークショップ毎月 大学群共同ワークショップ 教員は研修なし	×	ミッション設立なし 成果と評価設定なし 教員対象の研修なし
4	×	「履修相談」「事務手続きの補助」「修得単位の確認」「連絡」「相談窓口」	学科（教員中心モデル）	学科所属教員 学士課程担当専任アドバイザー1名 大学院担当専任アドバイザー1名 カレッジ全体研修会 NACADA任意参加 教員は研修なし	×	ミッション明文化なし 教員対象研修なし 成果と評価設定なし
5	○	「アドバイジング」「事務的補助」	センター組織（総合受入モデル）	専任アドバイザー9名 支援スタッフ3名 大学院生3名 研修の機会は1年を通して提供 学内1日研修 研修は任意参加	×検討中	成果と評価の設定なし 教員研修なし

訪問先番号：
1 カリフォルニア大学サンディエゴ校アール・ウォレン・カレッジアカデミック・アドバイジング・オフィス、2 カリフォルニア大学バークレー校文理カレッジアカデミック・アドバイジング・オフィス、3 カリフォルニア大学バークレー校化学学科、4 コロラド大学ボルダー校電気・コンピュータとエネルギー工学科、5 ウエスタン・イリノイ大学アドバイジングと学習サービスセンター

始しているという現状に表れているとも言える。

2）機能

アカデミック・アドバイジングが担う機能として、学習に関するアドバイジング、情報提供、事務手続き、他部署への紹介がある。訪問したアドバイジング組織に共通しているのは、修学に向けた支援として、これらの機能が必要とされているという点である。

そのために、カリキュラム等に関する情報を周知している専任アドバイザーあるいは教員が学生をサポートしている。その内容は、教員と専任アドバイザーにより異なっていることは実践事例からも理解できる。まず、教員がアドバイジングを行っている内容としては、自己の専門領域に関わる授業、履修計画やキャリアに関するアドバイジングである。それに対して専任アドバイザーは、卒業や専攻の必修単位等の履修、修得単位の監査等の履修に関するアドバイジングや成績不良者に対する履修停止や警告などの事務処理が主に取り扱う内容となっている。その他に、学生の興味や関心、将来目標に関連するインターンシップや海外留学等の情報提供がそれを補充している。ここでは教員と専任アドバイザーの住み分けが働いているとも言える。

また、センター組織では、新入生全体を対象としたオリエンテーションやセミナーの開催のほかに、個人を対象とした予約なしの面談対応、予約した上での面談対応、グループ面談等によるアドバイジングを行っている。

3）実践者の役割と研修

事前に得ていた知識および訪問・インタビューで得た知見を総合してみると、アドバイジングの実践者は、学生の将来目標を達成するための案内役、監視役となることを志向していると考えられる。実際に、さまざまな情報を提供し、アドバイジングを与え、履修単位の状況を把握・監視している。アドバイザーには、大学内の履修手続きやキャリア選択に関連する知識が求められ、学生と適切に対応するための柔軟性や、彼らとコミュニケーションをとる手段としてコンピュータ操作の一定のスキルなども要求されている。

アドバイジング実践者としての専門性の向上は必要であると認識され、各

大学では研修が実施されている。たとえば、大学の方針等について最新の情報を提供するといった研修は、1年に1回程度は実施されている。ただし、研修に参加するのは専任アドバイザーのみの場合が多く、教員の参加は稀である。さらに、専任アドバイザーによる自主的なワークショップ等が頻繁に行われている大学もある。もちろんNACADA主催の研修会に参加している場合もあった。インタビューによれば、研修以外にも情報収集等において、専任アドバイザーのNACADAへの依存と信頼は極めて高い。

　教員の研修への参加が稀であることは、1つの課題と考えられる。研究・専門分野の知識・情報は取得していたとしても、アドバイジング実践者としては、学内情報、その他の関連情報に関する知識や能力を獲得し、スキルアップしていくことは不可欠と考えられるためである。ただし、教員の研修への不参加には、教員業務におけるアカデミック・アドバイジングの位置づけや待遇面での不備があるとも指摘されている。

4）教員と専任アドバイザーの関係

　アドバイジング活動の中で、専任アドバイザーは、教員の専門領域に踏み込むことはしていない。教員は、上述の事情のほか、自己の専門領域における研究活動の自負があることもあって、アドバイジングに関する研修に参加することは稀である。他方、専任アドバイザーは実践を通じて発生する課題や学生対応のために専門性の向上に努めている。これには、学生に対するサービス向上という側面だけではなく、専任アドバイザーという職務からして、学習や研修を通じて地位を確保・向上させることが求められているという側面がある。たとえば、バークレー校の文理カレッジでは、アドバイザーとして継続的に学ぶことが求めていることはその一例と捉えられる。

　教員と専任アドバイザーの関係は、アドバイジングの実践者としては平等に保たれているが、担当する分野が明確に区分されていることもあって、その領域には踏み込まない（踏み込めない）といういくぶん緊張した関係が見られる。良い捉え方をすると、上述した住み分けである。アボット(1988)の指摘する自らの職務領域の確立を行っている状況と考えられる。とはいえ、踏

み込まない反面、両者の協力も難しく、両者の関係がいかに協働的なものになるかによってアドバイジングの効果は大きく左右されると考えられる。

5）組織

アカデミック・アドバイジングの実施組織について、センターおよび学科による実践の特徴という観点から整理しておきたい。

今回取りあげたアドバイジング組織のうち、センター形式のオフィス（センター）は、いずれも学務系組織として位置づけられている。いずれの組織も学務系副学長あるいは責任者の監督下にある。学科のアドバイジング組織は、他の業務と同様に所属長である学科長の監督下にあることが明らかになった。

アドバイジングの担い手は、センター組織では専任アドバイザーが配属されているのに対し、学科の場合は、教員によるアドバイジングに加えて専任アドバイザーが若干名配属されている程度である。訪問した例において、これら2つの学科は、工学系の分野であった。また、ウエスタン・イリノイ大学では、芸術系学科のみに教員アドバイザーが配属されていた。芸術系や工学系分野の教育には、教員のアドバイジングを求める場合が多いとの先行研究者による指摘もなされているが、ウエスタン・イリノイ大学でのアドバイジングの実施組織についてもその指摘は当てはまると考えられる。

6）成果と評価

今回の訪問大学の中でアカデミック・アドバイジングによる学習成果基準を具体的に制定していたのは1大学のみであった。そのほかにはGPAや卒業率をその指標と考えている大学もある。アカデミック・アドバイジングによる学習成果という考え方は近年指摘されはじめたものである。したがって、その必要性は認識されているものの、現状では策定にまでは至っていないといえる。

次に、アドバイジングの実践者に対する評価としては、カレッジの人的評価の一環として担当副学長等の上司による面接が行われている。しかし、今回の訪問大学においては、アドバイジング・プログラム評価は、ほとんど実

施されていない。アドバイジング・プログラムによる学生の学習成果を設定し、評価をはじめたバークレー校の文理カレッジ・アカデミック・アドバイジング・オフィスは先進的な事例と考えられる。大学全体のプログラムに対する評価の一部としてアカデミック・アドバイジング・プログラムの評価を取り入れている場合も見られるが、実践者へのフィードバックまでに時間がかかることなどもあり、その結果を用いたアドバイジングの実践には至っていない。

たしかにNACADAや先行研究によって、評価のサイクルは提示されており、理論的にはある程度の方向性が示されている（2章）。けれども、個別大学において、この評価サイクルが用いられている状況とは言えない。つまり、NACADAによる評価サイクルは知識・情報として周知されているにとどまり、アドバイジングの実践で活用されるには至っていない。これはアカデミック・アドバイジングの重要な改善点の一つであると考える。

7) 経済的課題

今回の訪問調査を通じて、アカデミック・アドバイジングの財政問題が課題として浮かび上がった。カリフォルニア州においては特に深刻である。アール・ウォレン・カレッジでは予算がないために、学生に対する評価が実施できていないほか、アドバイザーが学外の研修に参加出来ない状況にある。また、バークレー校の化学カレッジでも今回インタビューに対応してくれた担当者は予算がつかず訪問年の6月で退職している。これらは各大学（学科）において、アカデミック・アドバイジングが未だ副次的な位置づけにあることを示しているとも考えられる。ただし、同じバークレー校であっても文理カレッジ・アカデミック・アドバイジング・オフィスでは、戦略的な計画、実践に加えてシステム的な構築も図られている。こうした積極的な取組みを推進するためにも、一刻も早い財政問題の解決が求められよう。

注
1　アール・ウォレン・カレッジの具体的な目標は以下のとおりである。

第3章　アカデミック・アドバイジングの現場を訪ねて　109

・個人あるいはグループにアドバイジングの機会を提供し、学生の学習達成を支援する
・学生が自身の学習目標や目的を明らかにすることを支援する
・教育上の方針や手続き、卒業要件に関する情報の最新情報を提供する
・全ての新入生、編入生へのアドバイジングや登録の過程を見守る
・学期ごとに授業時間割やスケジュールに関するアドバイジング機会を提供する
・キャンパス組織や関連資料・資源に関する的確な指示や情報を学生に提供する
・質の高い専門性を発揮し、アドバイジングやカウンセリング事項に関し、完璧な機密性を維持する

2 　このワークショップの研修計画・実施は各キャンパスが当番制で担当する。
3 　訪問日（2011年2月）の2週間後にサンディエゴでNACADA主催の研修が開催されることになっていたが、このセンターからは2人の専任アドバイザーが参加する予定であった。
4 　大学のミッションに沿ったアドバイジング・オフィスのミッション設定を推奨するNACADAの提言に関しては、2009年に立ち上げたタスク・フォースによって検討を重ねており、2011年度中には実施の予定であった。
5 　アドバイジング経験者は、このような内容は既に理解していると考えられるため、簡略的な研修を実施する。
6 　この時期であれば、卒業に向けた軌道修正ができるためである。なお、4年間で学部を卒業する学生の割合は全体の65％であり、残りの35％の中にはインターンシップや海外留学をする学生も含まれている。
7 　履修に関しては、一般教育科目についてのアドバイジングとなるが、特に、3年次までに一般教育科目の所定単位を修得しておくことが必修条件について確認をしている。また、それぞれのカレッジで必修条件を課している場合がある。その条件については、各カレッジで確認をすることとなる。

第4章　アカデミック・アドバイジングの専門職性とアドバイザーの専門性

　第1章から第3章では、アメリカの大学においてアカデミック・アドバイジングが誕生、普及そして発展を遂げたプロセスと現場の実態について詳細に検討してきた。第4章では、本書の中心的な論題の一つとなる専門職性の視点からアカデミック・アドバイジングを捉えてみたい。

　一般的に、専門職とは「専門的な知識、技能・技術を必要とする職業を指し、これらの知識、技能・技術を習得するために長期間にわたって教育、訓練を必要とする」(社会学用語事典)ものと定義されている。それは固有の専門的な知識、技術に支えられた一群の職業カテゴリー（田尾, 1983）、あるいは職業一般ではなくある特徴的性質をもって他から区別される諸職業(吉村, 1992)として扱われている。なかでも医師、法律家、聖職者は「伝統的専門職」の代表とされる。専門職の分類としては、例えば専門職への発展のプロセスに注目したカー・サンダースとウィルソンによれば、準専門職(教師、看護師、ソーシャルワーカー)、新専門職(エンジニア、化学者、会計士)、可能的専門職(病院マネージャー、セールスマネージャー)というカテゴリーに分けられている(阿部, 2009)。また、米国で認知される専門職には、伝統的専門職に加え、エンジニア、造園士、コンピュータ関連専門家等の18の職種が紹介されている(山田, 1998)。このように様々な分類はあるが、そこで想定されているのは、専門職には長期の訓練・教育を通して高度に体系化された知識・技術が要求されるという点である。

　アカデミック・アドバイジングは、随所に専門職としての特徴を持つ"新生の専門職(emerging profession)" (Kerr, 2000)と位置づけられているが、伝統的専

門職としては認められていない。ただし、だからといって、アドバイジングに専門性がないと考えるのは早計であろう。職業の専門性は、その専門職化のプロセスにおいて捉えることが出来る（石村, 1969）からである。

そこで本章においては、アカデミック・アドバイジングの専門職性を明らかにするために、その専門職化のプロセスに注目し、アカデミック・アドバイジングの専門職性と担い手の専門性という2つの観点から考えてみたい[1]。なお、ここで取り上げる専門性とは、専門職として各人に必要とされる特別な知識や能力を指す。また、専門職性は専門的な職業として存在するための組織としての条件と捉えておく。

第1節では、アカデミック・アドバイジングの専門職性の到達段階について検討する。「伝統的な専門職」に関する研究から専門職に必要とされる条件ないし枠組みを援用して、アドバイジング実践者の専門職性の段階を明らかにする。次に第2節では、アドバイジングの専門性について、関連する記述や専門職団体による定義および採用時に求められる専門性の程度をコンピテンシー[2]の観点から分析・考察する。最終節の3節では、専門職性と専門性の確保に向けた専門職団体等による研修等（社会学事典でいうところの、教育・訓練）の取組みを整理する。

第1節　アドバイジングの専門職性

これまで論じてきたように、アカデミック・アドバイジングはその実践において、固有の知識や技術が求められている。さらに、NACADAを中心としてアドバイジングの技術向上や社会的認知の拡がりを目指した取組みも行われている。したがって、アカデミック・アドバイジングは専門職としてある程度の段階に達していると推察される。そこで本節ではアドバイジングの専門職性の到達点を検証したい。まず、先行研究からアメリカの高等教育における専門職の位置づけとその背景を整理する。その上で、アカデミック・アドバイジングの専門職性の到達点を分析するために、伝統的専門職を専

門職たらしめる要件を取り出し、そこから枠組みを抽出する。そして最後に、その枠組みを用いて他の専門職[3]との比較を加えながらアドバイジングの専門職性の段階を明らかにする。

(1) 米国高等教育機関における専門職の傾向

はじめに、アメリカの高等教育機関ないし大学において専門職の担ってきた業務の変化を整理しておきたい。

第1章で論じたように、近年のグローバル化、IT化や市場化に伴い、大学に入学してくる学生は多様化し、学力低下等の様々な課題への対応が求められている。そのため、高等教育機関において、ファカルティや職員が担当する業務範囲は拡大している。中でも大学内の様々な領域で、専門職は能力や技能の専門化や高度化が求められ、その存在はますます大きくなっている。

さらに大学に在籍する専門職に関する実証的研究(Whitchurch, 2008, 2009; Schützenmeister, 2010)からは、専門職の独自性(identity)も明らかになっている。ホウィットチャーチ(Whitchurch, 2009)は、高等教育における専門職の役割と独自性の変化について、イギリス、オーストラリア、アメリカの比較研究を行い、その業務が教員の領域にも広がりつつあることを示唆し、大学の専門職を類型化した。そのうちの1類型として「複合型専門職」という教員と専門職の間の業務(第3領域)を担う専門職の存在を明らかにしている。たとえば、様々な学習や業務提携、学生生活、多様化、アウトリーチ、機関調査(Institutional Research: 以下「IR」という。)、プログラム管理やコミュニティ開発等の作業領域に従事している人材である。複合型専門職は学内プロジェクト等の業務を担う中で、学内外の同僚とコミュニケーションを図り、共通する業務やその背景を理解しながら、教員や他の専門職(スタッフ)との協働により業務を遂行している。アメリカの大学では、専門職に求められる役割の幅は教員の領域も含め増大してきており、教学運営に不可欠な存在となっている。以上のように、専門職は業務を遂行していく上で関連部署や人材との連携が求められ、また大学院レベルの知識・能力が必要とされている。

ではアカデミック・アドバイジングの専門職化をめぐっては、どのような動向が生まれているのだろうか。専任アドバイザーが教員との職務上の区別を意識し、自らを「専門職」と見なしていることは、これまでの訪問調査や専門職団体の報告書や提言からも明らかである。アカデミック・アドバイジングの業務は、当初は教員のみが担ってきたが、必要に応じて専任アドバイザーもその一端を担うようになった。その背景には、高等教育の課題、すなわち質保証の要請への対応、カリキュラムの複雑化、在籍継続率低下や多様化した個々の学生への対応など、教員だけでは学生への対応が困難になってきたことがある。とはいえ、教員の業務をアドバイザーが担うことになった結果、両者の間には、業務の重なりによる軋轢が生じ、緊張関係が続いた時代もあった。しかし、その後、アドバイジング業務の中での両者の役割を明らかにし、現在では専攻・専門に関わるアドバイジングは教員が行い、履修に関わる詳細な業務やその他の全般的なアドバイジング業務は専任アドバイザーが担っている。この役割の住み分けにより、専任アドバイザーは、アドバイジング業務において、一定の地位（ポジション）を確保したこととなる。

　上述のように、アメリカの高等教育を取り巻く環境の変化により、専門職には分野ごとの個別的な高い能力や知識、そして管理能力が求められている。他方、専門職自身も、それぞれの分野の業務を遂行するために、一般的な高い知識と技能だけに留まらない当該分野における高度な専門性の必要性を認識している。アカデミック・アドバイジングについても、その機能拡大に伴い、アカデミック・アドバイジング・センター等が組織され、専任アドバイザー数は増加し、専任アドバイザーの専門的力量も問われている。同時に、専門職として世に認められるための専門職性も必要としている。

（2）アドバイジングの専門職性の考察に向けた枠組み設定

　まず、専門職性を分析するための枠組みを整理しておきたい。専門職性に関する研究は非常に蓄積があり、アカデミック・アドバイジングに限らず様々な分野で議論[4]されている。

たとえば、社会学での専門職に関する研究をベースに看護職(田尾, 1983; 白井, 1999; 葛西・大坪, 2005; 白石, 2000; 滝下・岩脇・松岡, 2011: 野本, 2008; 小谷野, 2000)、介護・生活支援職(阿部, 2009; 横山, 2009; 白旗, 2011)や教職(丸山, 2011)における専門職化や専門性の要件や段階について論述されている。また、日本における医師、法曹、大学教員、看護師、教員、技術士、薬剤師、管理栄養士、臨床心理士、社会福祉士等の11の専門職に関してその養成に関わる特徴をまとめた研究もある(橋本, 2009)。

　ここで取り上げるのは伝統的な専門職に関する研究である。前述したようにこれらの指摘は発展段階にあるアドバイジングの専門職性を分析・考察するための有効な枠組みを提供している。

　この伝統的専門職について、フレクスナーは、その定義を6つの項目に分けて示している(山田, 2004)。それは①知的な職業であり、当該職業に従事している者が適切な選択を実施し、かつ判断を下す際に重大な責任を負っていること、②特定分野に関する高度な体系的知識を所持し、かつ長期間の教育訓練を受けていること、③体系的知識が現場で応用できうるように実践的な性格を伴っていること、④特別な技術あるいは技能を要するだけでなく、知識だけで事態に対処できない場合には獲得した技能によって物事に対処できること、⑤専門職団体が組織化されており、専門職団体が専門職教育の内容および専門職に参入する際の資格の認定などを規制していること、そして⑥当該職業に携わっている人物に公共への奉仕志向があることである。

　宮下(2001)は専門職[5]に関する英米の文献から、カーソンダース、ミルズ、エリオット、ベッグマンら10名の研究者によるこれまでの指摘を整理し、専門職に共通する要件として「長期教育により獲得する理論・知識」「倫理的規範の存在」を挙げている。そのほかに「専門職業団体の存在」「自律性」「法律・制度の確立による独占的権限」「教育訓練機関の設置」も専門職に必要な要件とされる場合が多い(宮下, 2001)。

　両者に共通して指摘された専門職の要件としては、①特定分野に関する高度な体系的知識を有し、かつ長期間の教育訓練を受けていること、②利己主

義、公共の奉仕を志向した行動規範としての倫理的規範の存在、③当該職業に従事している者が適切な選択をし、判断を下す際に重大な責任を負っていること(自律性)、④専門職団体の存在の4点が挙げられる。

上記の要件は、たしかに専門職一般を想定したものだが、それらはアカデミック・アドバイジング実践者や他の専門職の専門職性についての考察の手がかりとしても援用できるだろう。

ただし、高等教育実践者を分析の対象とするならば、もう1つ加えるべき要件がある。それは先に言及したホウィットチャーチ(2008)のいう「関係する教員や他の職員との連携を図ること」である。これは、専門職制度は他者とのつながりの中で成立しているという指摘(Abbot, 1988)にも通ずるものである。なぜなら、この要件は日々変化している現代の高等教育を取り巻く様々な環境の中で、的確に業務を進める上で必要とされる専門職性の1つと言えるからである。

以上を踏まえ、本書では、大学の構成者に即した専門職性の要件[6]として、以下の5要件を用いることとする。

1 担当業務の特定分野に関する高度な体系的知識を有し、かつ長期間の教育訓練を受けていること
2 専門職集団の間に公共の奉仕を志向した行動規範と倫理的規範が存在していること
3 当該職務に従事している者が適切な選択を実施し、判断を下す際に個人として重大な責任を負っていること(自律性)
4 関係する教員や他の職員との連携によって業務が遂行されること
5 専門職教育の内容および専門職に参入する際の資格の認定などを規制している自律的な専門職団体が存在していること

(3) 専門職性の検証

次に、上述の枠組を用いて、他の専門職と比較しながら、アカデミック・アドバイジングの専門職性について検討する。比較対象として取り上げるの

は、ディベロップメント・オフィサーとIRの専門職(以下、「IR専門職」という。)である。

ディベロップメント・オフィサーは、大学の発展のために必要な資金を調達したり、また長期的なプロジェクトにも関わる大学職員のことである。ジェネラリストではなく専門職と認識されている(ワース、アスプⅡ, 山田(訳), 1997)。

IR専門職とは、アメリカにおいて1960年代に設けられた専門職のポストである。IR専門職は、いわゆるデータを収集する機関調査と政策分析という2つの領域を統合した業務を担っている。収集するデータは、科目に関するデータ、施設・設備に関するデータ、財務に関するデータ、職員に関するデータ、学生に関するデータの5領域である(スウィング、山田(訳), 2005)。政策分析という職務上の必要から、収集するデータはこれら5つの領域に分類されてはいるが、実際に集めているデータは非常に多岐にわたる。

上記の両職種はともに、いわゆる伝統的な専門職ではないが、その歴史はすでに半世紀を経ており、伝統的な専門職に匹敵するほどの高いスキルを有する点は認知されている。専門職の域にある程度達していると判断され、アカデミック・アドバイジングの専門職性の段階を判断する比較対象としてふさわしいと考えられる。なお、日本にも近年担当する人材が生まれている。

ところでアカデミック・アドバイジングの主な担い手は、教員および専任アドバイザーである。教員は兼務としてアドバイジングを担っており、本務は教育の専門職である。そこで本項では、アカデミック・アドバイジングの専門職性について考察を行うため、専らアドバイジングに携わっている専任アドバイザーを対象として論じることとする。

1) 担当業務の特定分野に関する高度な体系的知識を有し、かつ長期間の教育訓練を受けていることについて

ディベロップメント・オフィサーは、資金獲得を行う際に、その目的に沿った対象を選択し、与えられた環境下で資金を調達する。そのため、対象(者)の選別や交渉において、的確な選択や交渉を行うための判断力、交渉力

や信頼関係を維持するためのコミュニケーション能力が必要とされる。このような能力は、たしかに個人の資質や人柄に左右される部分もあるとはいえ、業務に必要な能力として要求されている。こうした能力を向上させることで、資金獲得に必要なスキルは体系化されるのである（ワース、アスプⅡ, 山田（訳）, 1997）。

　これらのスキルは基本的な教育を受ける中で理論的に育まれているが、その後の継続的な教育により、専門職としての知識をさらに向上させている。ディベロップメント・オフィサーに関わる大学院プログラムや資金調達資格（Certified Fund Raising Executive: CFRE）の資格制度が確立されており、専門職団体による継続的な研修機会が提供されている。

　IR専門職は、大学の政策的判断を行う上層部の意思決定を支えるため、データ収集・分析とその活用のための情報提供を行う。そのほかにアクレディテーションの申請、地域や連邦・州政府等へのアカウンタビリティに応えるデータの提供、そして学生の学習成果の評価のために必要なデータの収集も行っている。20世紀後半以降、高等教育の質保証に対する要求が高まる中、説明責任が求められる大学において、IR専門職によるデータ収集および分析は不可欠なものになっている。このように、IR専門職には、政策決定の学内的なレベルのみではなく、州や利害関係者等に対する説明責任を果たす学外レベルの視点に立った広範な知識や的確な分析が求められている。つまり、問題を特定する分析力、データ入手のための交渉力、データ分析のための統計・分析能力等が必要とされる。高等教育における質保証に関わる役割も担っているIR専門職には、さらに高度な知識も求められている。

　IR専門職の4割程度が修士学位を取得しているが、その学問領域の範囲は一様ではない。教育学、社会科学、人文、芸術系、物理学、数学、コンピュータ科学やビジネス領域と多様である。上述のようにIR専門職は多岐にわたる広範なデータを対象として取り扱っている。このような多様な学問的背景には、当該分野に対する広い知識が必要とされていることを表している（スウィング、山田（訳）, 2005）。さらに、資格制度が確立されており、専門

職団体の協力を受けた複数の大学において、IRに関わるプログラム(Graduate Certificate in Institutional Research)を提供している。

　IR専門職と同様に、大学院レベルの幅広い知識が求められている点は、アカデミック・アドバイジングにも通ずるところである。アメリカにおける専門職の学位取得率の高さ[7]は、ホウィットチャーチ(2009)の調査からも明らかにされている。さらに、アメリカの学歴主義を反映し、高等教育分野の大学院課程は、高等教育機関の教員および管理職ポストへの標準的な資格と捉えられているのである(Townsend & Wiese, 1991)。専任アドバイザーは、履修に関わる様々なアドバイジングを学生に対して行うため、まずは大学内外の規則等の管理運営に関連する知識が求められている。さらに、学生対応の際に必要となるコミュニケーション能力や現代の学生に関する情報、さらに高等教育や心理学に関する知識を体系的に修得する必要がある。教育学、教育心理学、発達心理学、高等教育、大学管理などに関わる学位取得が求められる場合もある。ハブリー(2009)の調査によれば、常勤のアドバイザー(管理職を除く)のうち70％が修士学位を取得していることが明らかとなっている。

　こうした専門性をさらに補うために継続的な研修が実施されている。NACADAは後述するように研修の3要素(「概念」、「情報」、「関係」)を提示し、アドバイジング実践者に対する学内外での研修が、継続的に実施・促進されている。3要素のうちの「概念」要素は、理論体系に裏づけられたアカデミック・アドバイジングの実践に必要とされる要素と考えられる。専任アドバイザーは学内で定期的な研修に積極的に参加していることが、訪問インタビューで明らかになった。さらに"専門職"としての向上を図るために、NACADAの会員になり、研修等にできる限り参加しているという者もいた。NACADAの研修については、第3節で詳述する。

　アカデミック・アドバイジングを冠とする学位ないしは資格制度もある。NACADAはカンザス州立大学と連携し、2003年からアカデミック・アドバイジングを専門分野とする修士課程および資格取得プログラムのオンライン講座を開講している。アカデミック・アドバイジングを専攻する大学院課程

は現在のところ、カンザス州立大学のみである。ハブリー（2009）は、今後アカデミック・アドバイジングの需要が増えていけば、現在のオンライン準備プログラムだけでは、この分野の学術的な対応として不十分であるとし、大学院レベルのアドバイジング・カリキュラムの開発の必要性を指摘している。以上のことから、アカデミック・アドバイジングに関わる知識の体系化および制度化という点については、資格制度および大学院課程が普及段階にあることから、ディベロップメント・オフィサーやIR専門職と比較するとやや遅れていると言えよう。しかし、大学院や資格授与コースの設立等の動向は、専任アドバイザーの専門職性の向上に向けた努力が結実し始めている証拠として認識できる。

2）公共の奉仕を志向した行動規範と倫理的規範の存在について

　ディベロップメント・オフィサーの基本理念としては、専門職団体である教育振興支援協会（Council for Advancement and Support of Education: CASE[8]）と全米大学経営管理者協会（National Association of College and University Business Officers: NACUBO）によって確立された寄付金に関する経理のガイドラインがある。個人ではなく大学を代表する公共性を自覚することや行動規範の順守を呼びかけているこの規準は、資金獲得に関わる管理職は必ず理解しているとされ、新人はこの規準を学習することから始めなければならない。このような姿勢からは、倫理的規範が職務の基本として位置づけられていることが理解できる。CASEは資金獲得について「教育コミュニティにおける各自の責任に基づき広く社会に向けそれぞれの大学および学校を代表するものであり、故に各自の団体が持つ最良の教育の質を実証するとともに最高水準の個人的・職務的行動規範を順守する特段の義務を有する」（東京大学, 2008）としている。以上のように、ディベロップメント・オフィサーは高い倫理と業績基準の維持を重視している。

　IRでも、専門職団体米国IR協会（Association for Institutional Research: AIR）によって、こうした倫理綱領が作成されている。能力、遂行、守秘義務、コミュニティ、技術に関して、倫理綱領の中でそのガイドラインを詳細に定めること

により、実務の質を担保することが目指されているのである。

　この点については、アカデミック・アドバイジングにおいても同様である。アドバイジング実践者に要求される倫理的規範を記した合意文書が、CASとNACADAによって提示されている。

　CASは、①機密性の維持（家族教育権とプライバシー法（Family Education Rights and Privacy Act: FERPA）への準拠）、②公正かつ公平な学生支援、③アドバイジング実践者が客観的、公平に課題を対処することができるように、個人のあらゆる利害衝突の回避、④責任をもった資金の取り扱い、⑤ハラスメントの防止、⑥アドバイジングの専門知識を認識し、必要な場合は学生に問い合わせる、⑦所属機関の方針とルール（CAS規準, 2005）に準拠しながら、正確な情報を伝える、という7項目の順守を掲げている（Landon, 2007）。またNACADAは、①学生や同僚を尊敬して対応する、②教育の自由の概念を尊重する、③大学のミッション、文化や期待を学習・理解し、大学の価値、ミッションやコミュニティへの目的を解釈する、④教育と研修を含める、という4項目をアドバイジングに必要な倫理的態度としている（NACADA Core Values, 2004）。

　これらの2つの規準に従いながらも、日常のアドバイジング実践においては、アドバイザー自身の価値観と大学のミッションとの相違、あるいは学生の期待と大学の価値やルールとの不均衡が生じ、アドバイジングに支障を来す場合もある。そのような場合、アドバイザーには組織・機関の目的、指針に従って、規範の範囲内で"通訳者"として倫理的な判断を行うことが求められている。NACADAは、この点については、オンラインセミナー（Webinars）や管理者を対象とした研修会で関連するテーマを取りあげ、倫理的課題の場面を設定するなどの工夫によって、その対策を協議・研修の場を提供している。また、AIRおよびNACADAは、継続的な研修についても機会を提供している。

　まとめよう。大学の一員として業務にあたることを掲げている点や専門職団体による規準の提示は、この倫理的規範がそれぞれの大学のみに通じる規準ではなく、専任アドバイザー、IR専門職、あるいはディベロップメント・

オフィサーという職種に通底したものであると捉え得る。以上のことから、2)については専門職性が担保されていると認められる。

3）当該職務に従事している者が適切な選択を実施し、判断を下す際に個人として重大な責任を負っていること（自律性）について

　大学の発展を目的として資金調達を行うディベロップメント・オフィサーは、大学に関心を持ち寄付者となりうる候補者の掘り起こしを行う。そのアプローチ方法は、大学の広報活動や候補者との交流など、ディベロップメント・オフィサーの判断により実施されている。このような戦略には、マニュアルが存在するわけではなく、各オフィサーによる創意工夫が望まれるところである。

　IR専門職は、問題や課題を設定した上で、大学の意思決定に必要と考えられる調査およびその調査対象を決定し、必要なデータ収集や分析を実施する。

　アカデミック・アドバイジングについては、NACADAによる本質的価値に関する声明（The Statement of Core Values of Academic advising, NACADA）の中で、学生およびアドバイジングに関連するステークホルダーに対するアドバイジング実践者の責任について記されている[9]。

　アカデミック・アドバイジングの実践においては、学生との面談の中から個々の学生の状況を的確に把握し、必要とされる情報提供や選択肢の提示等が行われている。これはあくまでも、大学の指針の範囲内において、アドバイジング実践者の判断によって提供されるものである。同時に、アドバイジング実践者には、適切な状況把握と情報提供の判断力と責任が求められることはいうまでもない。質保証の観点からも、近年では、アドバイジング・プログラムに対する評価の実施と評価結果を用いて実施方法や内容の査定と改善が推奨されている。このような取組みは、全大学で実施されているわけではないが、アドバイジング実践者による自律の表れとして評価できる。

　ディベロップメント・オフィサーはその選択や判断力が大学の資金獲得、ひいてはその戦略の成否にまで影響を及ぼすため、重大な責任を負っている。

IR専門職についても、経営あるいは教学における大学の政策判断に大きく関わることとなる。アカデミック・アドバイジングでは、専任アドバイザーは選択する情報や選択肢により、学生の学習や人生に影響を及ぼすという責任を負っている。以上からすると、3者それぞれに業務内容の違いはあるものの、各自が責任を持ち、専門的な判断を活かして職務を遂行していると理解される。ただし、その判断は大学の指針に従うことを前提としている。

4）関係する教員や他の職員との連携による業務遂行について

　ディベロップメント・オフィサーによる資金調達業務は、まず学外の寄付者や寄付候補者（予定者）等との関係性を築くところからはじまる。他方、学内においては資金調達の目的を明確にすることが求められ、そのためには学長をはじめとする学内関係者との協議も必要となる。さまざまな役割をこなしながら、資金調達に向けた学内外の関係者との連携をうまくこなさなければならない。ディベロップメント・オフィサーについて「セールスマン、連絡調整者、マネージャー、リーダーという4つの役割を反映している（ワース、アスプⅡ，1997）」という指摘にも通ずるところである。

　IR専門職には、調査データ収集の際に、他部署の担当者や教員等と連携を図ることが必要とされる。また、大学の政策決定者の意図をきちんと把握した上で、課題や問題の設定を行い、情報の収集、調査・分析を行う必要があるため、関係部署との連携は欠かせない。

　アカデミック・アドバイジングの実践においてはさらに緊密な形で、専任アドバイザーと教員による連携が見られることは繰り返し指摘してきた。両者がアドバイジングを担う場合、それぞれが学生に対応するために、学生ファイル等を用いて必要に応じた情報の共有や合意形成を図っている。さらに、アドバイジング実践者は、学生の課題や目的設定およびその後の目標達成に向けて、学生に必要と考えられる機関やプログラム等の情報を直接紹介する場合もある。このように、関連部署との連携はアカデミック・アドバイジングの実践においても不可欠である。アカデミック・アドバイジングは、学生サービスのために大学内の組織をつなぐ車輪のハブ（Hub of Wheels）と言わ

れる(Habley, 1994)ほど、他部署との連携を図っている。キャリアに関わるアドバイジングを例にとれば、アドバイジング実践者は、インターンシップの実施状況や当該学生のキャリア選択に必要と考えられるコース、正課外の活動等の膨大な情報を入手する必要がある。そのために、関連するキャリア支援部署との連携など、アドバイジングの実践において必要と考えられる部署との連携が図られている。

　さらに、関係する教員や他部署と業務上の連携を図るためには、各関係者の背景や状況を理解することが必要とされる。

5) 専門職教育の内容および専門職に参入する際の資格の認定などを規制している自律的な専門職団体について

　専門職団体の役割は、会員相互の情報交流のほかに専門職としての独自性の確立のための様々な機会を提供することである。

　ディベロップメント・オフィサーに関わる専門職団体CASEは、全米同窓会協議会と全米大学広報協会が合併し、1974年に設立された。会員数は64,000人を超える国際的な協会である。同窓会関係、コミュニケーション、開発、マーケティングとそれらの関連領域に従事する教育機関と専門職を対象としている。卒業生や寄贈(寄附)者より強力な関係を構築し、教育の公的支援の促進と支援の充実を目指して、キャンパス・プロジェクトのための資金調達や就職情報誌の作成、また入学希望者に対する大学広報などを行っている。

　加えて、資格認証や専門職の能力向上に向けた機会提供も行っている。CASE会議(Conference)は、CFRE資格取得の継続的な研修機会の提供機関として認定されている。そのため、指定されたCASE会議に参加することにより、資格取得に必要なポイントや必要時間を修得することができる。なお、国際CFRE資格の初回認証／再認証認定のためには、指定された会議すべてに参加することが求められている。

　そのほかにも、業務に関連する出版や北米、ヨーロッパ、アジア、アフリカ、オーストラリアで、毎年100回を超える研修機会を提供し、会員の能

力開発を支援している。提供される研修には、「高度なサービス(Advancement Services)」「同窓会(Alumni Relation)」「コミュニケーション(Communications)」「人材(Human Rresources)」といった領域が含まれている。このように、CASEはディベロップメント・オフィサーの資格認定、研修機会の提供等による能力向上の取組みを行っている。さらに、研究ジャーナルや出版物を作成・配付することで、実践で必要な最新情報を共有し、会員の専門職性の向上に向けた働きかけも行っている。

　IRの専門職団体であるAIRは、1965年に設立され、会員数はアメリカ国内に4000人以上、国外に160人以上を有している。主な目的は高等教育の充実のため、会員に質の高いデータや情報を提供し、適切な意思決定プロセスを支援することである。また、AIRはIR教育と専門的能力開発に関するリソースを活用し、IRや政策問題の改善・解決に向けてリーダーシップを発揮している点に定評がある。主な活動は、年次大会の開催、様々な研修機会やIRや分析に関連した出版物の提供である。AIRによる資格認定は直接行われていないが、全国教育統計センター（National Center Educational Statistics）とともに資格プログラム提供大学を支援している。また、AIR主催の夏期集中研修等により単位が認定されている。

　アカデミック・アドバイジングの専門職団体NACADAは、高等教育におけるアカデミック・アドバイジングの革新的な理論、研究、実践の向上やその普及のための国際的な協会を目指している。会員としては、すべての高等教育機関の専任アドバイザー、アドバイジング・カウンセラー、教員、管理職、学生を対象としている。倫理規定の提示のほかに、議論、討論の場としての年次大会や地域大会等の開催、研修機会の提供、出版物を通じてアカデミック・アドバイジングに関する意見や情報交換の場を提供している。また、業務に関するコンサルティングや講師派遣のサービス、表彰制度を行っており、アドバイジング実践者のモチベーションの向上に貢献している。アカデミック・アドバイジングに関連する調査のための資金を提供することで、研究面での支援も行っている。

NACADAの会員数は10,000名程度であり、CASEと比較すると規模は小さいが、アジアやヨーロッパからの会員加入がある。近年、国際的な専門職団体を標榜し[10]、その活動の幅を広げている。アカデミック・アドバイジングという職種を世界にアピールすることで、社会的な認知度を上げようとしていると理解できる。

専門職団体の機能のうち、資格の認定（山田, 2004）については、CASEでは資格の認定制度が確立しているが、NACADAでは確立にまでは至っていない。しかし、カンザス州立大学と共同でアカデミック・アドバイジングを専攻する大学院教育および資格プログラムを提供している。この点は、1)担当業務の特定分野に関する体系的な知識とも関連するため既述したが、他の専門職団体と比較してNACADAの弱い点である。

以上のように、専門職性に関わる5つの枠組みについての検証によれば、アカデミック・アドバイジングでは、NACADAというアドバイジング実践者が加入する団体が組織され、倫理的規範も定められている。実践において判断を下す際には、アドバイジング実践者としての重大な責任を負っている。さらに、アドバイジング業務に関係する教員や他の職員と連携し、業務を遂行している。唯一弱点と考えられることは、資格認定制度の設立である。現在はまだ1大学のみによる資格認定であるため、今後の充実が望まれるところである。したがって、今回の枠組み設定の中では、アカデミック・アドバイジングの専門職性はある程度認められるものの、とりわけ自律的な専門職団体による資格認定制度の未成熟度からして、その確保に向けた途中段階にあるものと評価される。

第2節　アドバイザーの専門性

(1) 担い手に求められる専門性とは

アカデミック・アドバイジングの担い手に求められている専門性は何であろうか。

専門性とは、一般的に、専門的知識やコンピテンシー（能力）の総体として語られている。先行研究では、実践者に求められる専門的な知識・技術の内容やそれらの必要性が指摘 (Nutt, 2003b; Gordon, 2003a; Love, 2003) されてきた。またアカデミック・アドバイジング業務総体の専門職化に関する議論が幾度と行われてきた (Gordon, 1998; Kerr, 2000)。これらの議論から浮かび上がってくるのは、「アドバイジング実践者に求められる知識・技術等の能力は、教職員としての一般的な能力ではない」ということである。それは「業務に固有に求められる専門的能力」として括ることができるという。したがって、本節では、この意味におけるアカデミック・アドバイジングに固有の専門的能力の要素を解明する。ここでの考察の対象は主たるアドバイジング実践者である専任アドバイザーと教員である。

(2) 専門性の考察に向けた分析軸の設定
1) 先行研究から

アドバイジング実践者の能力については、マクマハン (McMahan, 2008)、ゴードン (2003b)、ファレンとヴァウエル (Farren & Vowell, 2000)、チャルマース (Chalmers, 2005)、ミラー (Miller, 2003)、オバニオン (1994)、ゴエッツ (Goetz, 2004) の研究がある。

たとえば、マクマハン (2008) は、アドバイジング実践者固有の能力 (specific job skills) として、多様な学生に対する効果的なコミュニケーション能力、組織でよい関係を築く能力、適切な態度で支援等を行う対人関係能力、調整能力、計画立案スキル、組織をまとめていく手腕、そして問題解決能力の存在を指摘している。オバニオン (1994) は、学生の特性と発達に関する知識、心理学および社会学の知識、職業分野に関わる知識、コース、時間割、編入学等の学内での履修に関わる知識やカウンセリング技術等を挙げている。ゴードン (2003b) は、アドバイジングに必要な情報や技術を次のように整理している。すなわち、法的・倫理的事項を含む基礎知識、多様な学生に対応するための現在の学生像、高等教育が直面している政治的・社会的・経済的な課題

やそれらのキャンパスへの影響、またカリキュラム開発等を含む高等教育に関する知識やキャリア・アドバイジングにかかわる知識、eメールやインターネット等の効果的なアドバイジングに活用されるコンピュータ等に関わる技術、そして学生に対するコミュニケーションや対人能力である。

　また、NACADAでは、アカデミック・アドバイザーの表彰を行う要件を検討するタスクフォースを立ち上げ、表彰に関する基準を設定している[11]が、その中に専門性に関わる要件が示されているのでここで参考にしたい。たとえば、学生に対する注意深い態度、双方向による効果的な対応、学生との結びつきを強めるための積極的な行動、あるいは学生を成功に導くための適切な情報提供という課題に照らして、必要な知識を持っていることが要求されている。

　さらに、2つの専門職団体、NASPAとACPAによる研究もある。両団体は、専門職としての学生支援実践者に求められる能力という観点から共同研究を行い、*Professional Competency Area for Student Affairs Practitioners*(『学生支援実践者のための専門能力領域』、2010) を発表している。その中で「アドバイジング（Advising）」に関わる能力を「知識」「技術」「態度」の3項目に分類し、さらに基礎・中級・上級の3段階別に定義したうえで、具体的な言及がなされている。

　以上の指摘や定義を鑑みるに、アカデミック・アドバイジングに必要とされる専門性は、「知識」「技術」「態度（対応）」の3項目に分類・整理することができるだろう（**表4-1**）。

　以下、「知識」「技術」「態度（対応）」の3項目についての指摘内容をさらに詳しく見てみよう。

「知識」について

　「知識」については、アカデミック・アドバイジングの実践で提供する情報の基礎となる学問分野、大学政策、学位申請方法、授業内容、編入学や学位取得の計画に関する基礎的な知識が該当する (Fox, 2008)。加えて、学生の特質を把握するためにインターネットの知識や情報管理等のためにパソコンを活用する技術が必要とされる (Gordon, 2003b)。また、NACADAタスクフォー

表4-1 アドバイジング実践者に求められる専門性に関する諸論者の見解(総合)

項目	事例	(参考) NASPAとACPAによる定義
知識	アカデミック・アドバイジングに関する基礎知識 高等教育に関する知識(含規則や倫理事項) 学生発達理論 心理学および社会学の知識 キャリア・アドバイジングに関する知識 学生の特徴・性格に関する知識 意思決定過程の理解	関連する参考資料(例:他部署、外部機関、知的資料)の理解 学生や他者の保護のために適切な法的要件に従う 学生の特定層に対応 グループ設定での暗黙のダイナミクスを認識し、分析する 経験からの学習
技術	問題解決能力 広報活動能力 計画立案技術 コンピュータ技能(インターネット・eメール) 面接やアドバイジングに関するスキル 人前で話す際の教育能力あるいは優れた能力 キャリア・アドバイジング	問題解決の支援 専門家の支援を求める際の関連部署への紹介スキル 学生との会話の中から戦略的に複数の目的を追求
態度 (対応)	調整能力 組織技術(物事をまとめていく手腕) チームで協力して働くことができる能力 多様な学生層への効果的なコミュニケーション 傾聴 柔軟で、忍耐強く、創造的な姿勢 ユーモアのセンス 詳細なことへの気づき	他者とのコミュニケーション、対立の管理 学生、グループ、同僚との関係の確立 個人とグループ間の仲介 グループの意志決定・目的の設定を支援 アクティブ・リスニング技術 以心伝心を理解の上で対応

McMahan(2008)、Gordon(2003b)、Farren & Vowell(2000)、Chalmers(2005)、Miller(2003)、O'Banion(1994)、Goetz(2004)のアドバイジング実践者の能力等に関する指摘、アカデミック・アドバイザー表彰に関するタスクフォース(NACADA)による基準設定およびProfessional Competency Areas for Student Affairs Practitioners (Bresciani, Todd, et al, 2010)内のAdvising and Helping(NASPA Board of Directors and the ACPA Governing Board, 2010)を用いて整理・作表(ただし、カウンセリングに関する項目は除く)。

スでは、①基礎知識、②大学生の特性に関する知識、③高等教育に関する知識、④キャリア・アドバイジングの知識と技術、⑤コミュニケーションと対人関係技術、⑥各大学でのアドバイジング活用に関わる知識と応用、⑦技術的知識と技能、の7項目を挙げている[12]。学生に正確な情報を与える(Creamer & Scott, 2000)という点からも、これらの知識はアドバイジング実践者に求められるところである。CAS規準では、学生発達、学生の学習、キャリア発達や教育に関連するその他の理論の理解とともに大学のプログラム、学習要件、

指針や手続き、専攻および副専攻に関する包括的な知識を求めている。以上のことから理論と実践の両面での「知識」が必要とされている。

「技術」について

　学生の状況を把握することが求められるアドバイジングにあっては、学生の様子を詳細に記録および管理する能力が求められる。また、個人やグループの学生セッションを支援するためのアドバイジング資料やプレゼンテーションを行う技能が求められる(McMahan, 2008)。学生の記録や説明のためのプレゼンテーション資料の作成に当たっては、コンピュータを活用する場面が多く、その他の情報提供等のためにインターネットやパソコン操作等の実務的なスキルも求められる。さらに、アドバイジングの際に学生との会話を通じて、効果的な質問を与える技術が求められる(Fox, 2008)。クロケット(Crockett, 1987)によれば、アドバイジング実践者にはアドバイジングを行っていくうえで、効果的なプログラムの企画能力も求められる。ここでは、上述したNACADAタスクフォースによる認定基準の7項目のうち、④キャリア・アドバイジングの知識と技術⑤コミュニケーションと対人関係技術、⑦技術的知識と技能の3項目について言及されている。

　このようにコンピュータ等の利用による実務的な技術に加えて、学生とのコミュニケーションの際に必要な対人関係技術(対応)が挙げられている。ここでいう対人関係技術の中には、コミュニケーションの要素と学生に対する発問等、学生を導くスキルが含まれていると考えられる。本書では、コミュニケーションや対人関係については態度(対応)に含め、学生に対する問いかけ等は「技術」として扱うこととする。

　アドバイジング実践者に求められる主な専門性は、「知識」と「技術」に関するものである。それは、上述のNACADAタスクフォースによる認定基準の7項目の場合も、知識と技術に関する設定がなされていることからも理解できよう。

「態度(対応)」について

　アドバイジング実践者にまず必要とされる態度(対応)は、接触しやすさ(Creamer & Scott, 2000)である。そのためにオフィス内、あるいはオフィス外の

どちらで対応する方がより効果的なのかを判断することも必要である。この業務は、学生の目標設定やそれに伴う計画あるいは途中で生じる課題解決を支援することであるため、学生と効果的なコミュニケーションをとることが求められる(Gordon, 2003b)。加えて、学生が話しやすい雰囲気を作り、学生の話に傾聴することや学生との会話から気づきを得ることも「態度(対応)」として、アドバイザーに求められる能力に含まれる。適切な対応により学生との信頼を構築するいわば熟練技術(Fox, 2008)である。なお、学生対応以外にもコミュニケーション能力は求められる。具体的には、アドバイジングをともに行う教員とのコンセンサス(Krush & Winn, 2010)の形成、また学生を適切なオフィスに紹介(Miller, 2003)する際の他部署との連携などが挙げられよう。

　管理職に求められる対応(態度)は、学生にとどまらない。アドバイザーの採用面接時の対応や研修等の際には、リーダーシップ能力が管理職の態度として要求されている。このように、アドバイザーの専門性は職位ごとに差異が見出だせることも指摘しておきたい。

2) 求人サイトから

　実際の求人情報を基に、アドバイジングの担い手に求められる専門性を検証してみよう。ここでは一般的に活用されているChronicle of Higher Education(以下、「Chronicle」という)に掲載されている求人広告サイトを用いる。

　求人広告サイトを精査し、"Academic Advising"を検索条件として設定し、アカデミック・アドバイジングに関わる求人の情報収集を行った。調査期間は2010年12月の11日間[13]であり、その間に入手できた求人件数は476件にのぼった。ただし、同一求人募集の中に複数の学部や職位(准教授、講師等)の求人が含まれている場合は、同一求人であっても異なる求人としてカウントした。なお、ここで取り扱うのは、職務記述書(Job Description)の中にアカデミック・アドバイジングに関する記述が含まれていた求人に限っており、ないものについては全ての情報が整っていない求人情報と同様に対象からは除いた。その結果、分析の対象となるのは442件となった。

a 検証対象について

　Chronicleの求人広告サイトには、一般的に以下の8項目の求人条件が掲載されている[14]。

　　勤務地（Location）　　　　　　業務分野（Category）
　　職位（Employment Level）　　　給与（Salary）
　　就業形態（Employment Status）　ウェブサイト（Website）
　　求人締め切り（Deadline）　　　詳細内容

　ここでは、担い手に求められる専門性を考察するにあたり、アドバイジング実践者のなかでも教員と専任アドバイザーの2職種を取り上げて論じていく。というのも、求人サイトを利用した分析であるため、より詳細に分析を行うことが可能と考えたためである。なお、職位の詳細区分による特徴が見られる場合には、その内容についても言及した。ちなみに、Chronicleの求人サイトでは、任期や役職などに従い、教員および専任アドバイザーについてさらに詳細な区分が設定されている。教員に関してはTenure（終身雇用で保証されている教員）、Non-Tenure（終身雇用保証を持たない教員）とこれらの区別のない教員（ここではFacultyと表記する）の3種類である。専任アドバイザーはAdministrative（職員）とExecutive（管理職）の2種類である。

　検索で得られた情報を職位の詳細区分により分類すると

　　教　員：Tenure（223件）、Non-Tenure（76件）、Faculty（39件）
　　専任アドバイザー：Executive（15件）、Administrative（89件）

である。以上の求人情報（442件）を基に、アドバイジング業務に関する雇用条件を分析・考察し、アドバイジング実践者に求められる専門性を検証する[15]。

b 対象大学について

　取り上げる大学の規模と学位分野に関しては、カーネギー大学分類を用いて、**表4-2**の通り分類した[16]。アカデミック・アドバイジングは、規模、設置形態や分野に関わらず多くの大学で実施されている（第2章第3節参照）。し

たがって、ここでも学生数1,000人未満の小規模大学から20,000人以上の大規模大学まで広く、学位の種類も準学士号授与大学、学士号授与大学、研究大学、修士号授与大学、博士号授与／研究大学、専門大学といったあらゆる大学を対象に含めている。

表4-2　求人大学の規模別分類（カーネギー大学分類を用いて作成）　　　（大学数）

人数(人)	準学士号授与大学	学士号授与大学	研究大学	修士号授与大学	博士号授与／研究大学	専門大学
1,000未満	5	23	―	―	1	3
1,000～2,499	1	39	―	11	―	4
2,500～4,999	19	30	―	56	―	8
5,000～9,999	6	―	10	34	11	1
10,000～19,999	8	―	26	55	4	―
20,000以上	7	1	56	11	3	―

c　求人情報に見られる採用条件について

　求人条件のうち、「詳細内容」の中で掲載されている項目は、大学により異なる。含まれるのは、大学キャンパスの所在地、学生数、学部等についてのさらに詳細な情報、求められている人材の条件、採用後の具体的な職務内容や責務、各大学独自に設定されている雇用条件や基準等である。ここでいう、求められている人材の条件（採用条件）[17]には、前項(1)で整理したアドバイジングの担い手に求められる専門性の3項目に加えて「業績」も含まれている。「詳細内容」内で、これらの4項目についてどの程度の記述がなされているのか、また"アカデミック・アドバイジング"に関してどの程度取り扱われているのか。それぞれの記述の有無について職位別に比率を整理したのが**表4-3**である。教員の場合は、"アカデミック・アドバイジング"に関する記述はほぼ100％みられるのに対し、専任アドバイザーでは80％に満たない。

　先に述べた採用条件の中で求められている専門性の4項目について、職位別に整理したのが**図4-1**である。教員が専任アドバイザーと比較して高いのは、「業績」のみである。さらに職位の詳細区分別（**表4-3**）について見てみると、

Administrativeは「技術」「態度(対応)」で高く、「知識」ではExecutiveが、「業績」についてはTenure、Executive、Non-Tenureの順に高い。

表4-3 職種別の採用条件

職種		件数	アカデミック・アドバイジング(詳細内容)	採用条件			
				知識	技術	態度(対応)	業績
教員		338	97.9%	42.6%	28.1%	25.7%	44.4%
	Tenure Track	223	97.8%	42.6%	25.6%	23.8%	48.9%
	Non-Tenure	76	98.7%	44.7%	35.5%	34.2%	38.2%
	Faculty	39	97.4%	38.5%	28.2%	20.5%	30.8%
専任アドバイザー		104	76.0%	61.5%	55.8%	65.4%	22.1%
	Executive	15	86.7%	73.3%	40.0%	53.3%	40.0%
	Administrative	89	74.2%	59.6%	58.4%	67.4%	19.1%

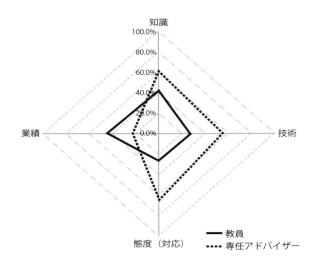

図4-1 職種別の採用条件

d 詳細内容に見るアカデミック・アドバイジング

「詳細内容」の中で"アカデミック・アドバイジング"は、「採用条件」や「採用

後の職務」として扱われている。

　その内容は主として「責務」「職務」「義務」「経験」「期待」「能力」という6項目に分類することができる。教員は6項目すべてについて、他方、専任アドバイザーは「責務」「職務」「能力」「経験」の4項目に関する記述が見られる。まず、両者に共通している4項目のうち、「経験」を除いた3項目の記述内容について順に述べる。

　「責務」について、教員の場合は単にアカデミック・アドバイジングの「責務」と記されているだけであり、詳細説明のないことが多い。具体的に記載されている場合には、「学部生あるいは大学院生を対象とした専門分野に関するアドバイジング」、「キャリア・アドバイジング」、「大学院生の博士論文に関するアドバイジング」に対する責務と記述されている。Tenureについては、アドバイジングを終身雇の条件として記されている場合もある。専任アドバイザーの場合は、「責務」のみの記載に留まるものは少なく、さらに説明が加えられている。たとえば対象学生は、学部学生、編入生、専攻未決定学生、寮生、留学生や学生団体など。またアドバイジングの内容は、学習機会、大学の方針、必修科目、履修手続きや正課外に関するアドバイジングといった具体的な記述である。そのうち、Executiveの「責務」としては、「欠席学生への対応やアドバイジングを含む学生の満足度および積極的な在籍継続に関わる全課程・プログラムのマネジメント」という全体的な責務を担うという記述も見られる。

　「職務」については、教員、専任アドバイザーともにアドバイジングは重要な職務と位置づけられている。具体的に見てみると、教員については、「アカデミック・アドバイジング」、「学生のクラブ活動や学生組織に対するアドバイジング」のほか、「研究室内でのアドバイジング」や「プロジェクト」、「大学院生へのアドバイジング」など専門分野に関する内容が示されている。専任アドバイザーには、「学生寮でのアドバイジング」、「学部生に対するアドバイジング」、あるいは「アドバイジングのコーディネーター」と記されている。教員に比して、専任アドバイザーの場合は対象学生および職務内容に関する記

述はより具体的である。

アカデミック・アドバイジングの「能力」に関して、教員に対する記述は少数である。その内容は、学部学生へのアドバイジングに関する能力を問うものである。他方、専任アドバイザーの「能力」については、学習、キャリア、職業や個人的な事項に関するアドバイジングと記述されており、アドバイジングで取り扱う対象がより広く捉えられている。

最後に教員のみに記載のあった「義務」と「期待」の2項目について述べておきたい。「義務」については、アカデミック・アドバイジングが"付加される義務"として扱われている場合がある。また学部学生を対象とする専門分野に関するアドバイジングや学生の研究に対するアドバイジングを義務として記述している場合も見られた。「期待」については、普遍的で質の高い、あるいは専門分野でのアドバイジングへの期待として示されている。

e 求人情報に見る専門性の3項目と「業績」

次に、表4-1で示したアカデミック・アドバイジングの専門性の3項目、すなわち「知識」「技術」「態度」について、雇用条件の記載事項に注目して分析を行い、教員と専任アドバイザーそれぞれに求められている専門性の内容とその割合および傾向を整理しておく。専門性の3項目に関する詳細条件の設定に当たっては、表4-1で整理した先行研究者による言及を参考にして検討していく。

「知識」について

主として求められている知識としては、「専門分野」「学生指導(含教育)」「大学に関するガイドライン、学内外の規則等」「在籍継続、学生のニーズ、学生発達理論ほか」「資金獲得」の5項目に分類することができる(表4-4)。このうち、教員と専任アドバイザーの両者に求められているのは「専門分野」に関する知識である。教員(49.0%)、専任アドバイザー (34.4%)であり、その比率はともに30％を超えている。教員に求められている専門分野の知識が担当する専門科目や研究分野に関連しているのに対して、専任アドバイザーの場合にはアドバイジングに関する知識、担当する職務や学生の教育に関わる知識が要求されている。すなわち、専門知識の内容は両者で異なっている。これ

は先行研究の指摘を肯定する結果となっている。アカデミック・アドバイジングの実践に当たる両者には、それぞれの実践に必要な知識がある。「学生指導(含教育)」に関する知識については、教員(40.7%)が専任アドバイザー(14.1%)よりも高く、要求される比率は3倍である。学生指導に携わる教員には、関連する知識がより高く求められている。教員の採用に当たって、学生指導に関する知識は重要なポイントとなっている。

「大学に関するガイドライン、学内外の規則等」「在籍継続、学生のニーズ、学生発達理論ほか」「資金獲得」に関する知識は、専任アドバイザーへの要求が教員へのそれよりも高い。専任アドバイザーは教員よりアカデミック・アドバイジングに関わる広範な知識が求められているといえる。

表4-4 「知識」の詳細条件 (%)

職種	専門分野	学生指導(含教育)	大学に関するガイドライン、学内外の規則等	在籍継続学生のニーズ学生発達理論ほか	資金獲得
教員	49.0	40.7	15.2	6.9	3.4
Tenure Track	56.8	34.7	7.4	8.4	2.1
Non-Tenure	33.3	47.2	25.0	5.6	2.8
Faculty	33.3	60.0	40.0	0.0	13.3
専任アドバイザー	34.4	14.1	28.1	12.5	17.2
Executive	18.2	18.2	27.3	18.2	27.3
Administrative	37.7	13.2	28.3	11.3	15.1

「技術」について

アカデミック・アドバイジングに関わる技術は、「記述によるコミュニケーション」「コンピュータ技術」「タイムマネジメント、プロジェクトマネジメント」「プレゼンテーション」の4項目にまとめることができる(表4-5)。「タイムマネジメント、プロジェクトマネジメント」を除く3項目について、専任アドバイザーは教員よりも高い割合でその技術が要求されている。特に、「記述によるコミュニケーション」と「コンピュータ技術」に関しては、専任アドバイザーの場合は40%以上、教員は30%以上と高い割合で求められていた。アドバイジング実践で必要とされているものと考えられる。

表4-5 「技術」および「態度(対応)」に関する詳細条件 (%)

職種	技術				態度(対応)			
	記述によるコミュニケーション	コンピュータ技術	タイムマネジメント、プロジェクトマネジメント	プレゼンテーション	コミュニケーションスキル	学生・教職員との相互理解	多様な学生への対応	リーダーシップ
教員	33.7	31.6	6.3	3.2	78.2	33.3	21.8	14.9
Tenure Track	22.8	28.1	7.0	1.8	67.9	37.7	22.6	11.3
Non-Tenure	59.3	48.1	7.4	7.4	96.2	30.8	26.9	26.9
Faculty	27.3	9.1	-	-	87.5	12.5	-	-
専任アドバイザー	53.4	41.4	1.7	6.9	83.6	23.9	20.9	17.9
Executive	50.0	16.7	-	16.7	85.7	42.9	-	14.3
Administrative	53.8	44.2	1.9	5.8	83.3	21.7	23.3	18.3

「態度(対応)」について

　態度(対応)は、「コミュニケーションスキル」「学生・教職員との相互理解」「多様な学生への対応」「リーダーシップ」の4項目に整理される**(表4-5)**。学生と円滑に相互交流を行う上で必要とされる「コミュニケーションスキル」は専任アドバイザー(83.6%)と教員(78.2%)の両者ともに70%を越えた高い比率で求められており、他の詳細条件項目とは一線を画している。この結果から、「コミュニケーションスキル」は、アカデミック・アドバイジングの実践において、アドバイジング実践者に特に必要とされる条件と理解できる。「学生・教職員との相互理解」の項目は、教員(33.3%)、専任アドバイザー(23.9%)と比較的に低い。さらに「多様な学生への対応」も、教員(21.8%)、専任アドバイザー(20・9%)とも20%ほどであることから、採用時点では多様化した学生への対応はさほど求められてはいないと理解できる。

「業績」について

　最後に「業績」について取り上げておきたい。業績は「研究」「教育」「著述(出

版)」「外部資金」「専門分野」「アドバイジング」「マネジメント」「パートナーシップ」「学生に関する活動」の9項目に分類できる(**表4-6**)。

教員は「研究(84.7%)」「教育(49.3%)」「著述(出版)(20.7%)」の順に比率が高い。この3項目は、教員の専門分野に関わる業績である。他方、専任アドバイザーについては「研究(60.9%)」「教育(43.5%)」を除き、業績に対する要求の割合は全般的に教員ほど高くはない。教員よりも高く要求されている業績としては、その比率は高くはないものの、「マネジメント(17.4%)」「外部資金(17.4%)」「アドバイジング(13%)」「パートナーシップ(4.3%)」がある。管理職としてのマネジメントに加え、アドバイジングに関わる業績が求められている。

以下に、職種の詳細区分についての特徴をまとめてみる。知識に関しては、「学生指導(含教育)」について、特にNon-Tenure(47.2%)とFaculty(60.0%)の比率が40%を越え、他の職位と比較して高い。「大学に関するガイドライン、学内外の規則等」に関しては、Faculty(40.0%)、Administrative(28.3%)、Executive(27.3%)の順で高い比率で求められている。Executiveに関しては、さらに「資金獲得(27.3%)」に関する知識が求められている。

「記述によるコミュニケーション技術」については、教員職のうちNon Tenure

表4-6　職種ごとに求められる業績条件　(%)

職種	研究	教育	著述(出版)	外部資金	専門分野	アドバイジング	マネジメント	パートナーシップ	学生に関する活動
教員	84.7	49.3	20.7	10.7	12.7	3.3	—	2.0	1.3
Tenure Track	95.4	46.8	23.9	11.9	11.9	3.7	—	0.9	-
Non-Tenure	58.6	58.6	17.2	-	10.3	3.4	—	-	-
Faculty	50.0	50.0	-	25.0	25.0	-	—	16.7	16.7
専任アドバイザー	60.9	43.5	13.0	17.4	13.0	13.0	17.4	4.3	4.3
Executive	66.7	16.7	33.3	-	16.7	-	16.7	-	-
Administrative	58.8	52.9	5.9	23.5	11.8	17.6	17.6	5.9	5.9

（59.3％）が高い比率で要求されていることが特徴的である。先行研究においてアドバイジング実践者への必要性が指摘されていた「コンピュータ技術」に関しては、Non Tenure（48.1％）、Administrative（44.2％）に対する要求比率が高い。

「態度（対応）」のうち、「学生・教職員との相互理解」は、Executive（42.9％）、Tenure（37.7％）、Non Tenure（30.8％）とAdministrative（21.7％）においても要求されている。アドバイジングの実践で、他との連携が必要とされていると考えられる。「多様な学生への対応」についても、Non Tenure（26.9％）、Tenure（22.6％）、Administrative（23.3％）で求められている。こうした点については、アドバイジングの対象が、学部学生、編入生、初年次学生と様々であることからも理解できる。他との調整能力を要すると考えられる「リーダーシップ」は、Non Tenure（26.9％）、Administrative（18.3％）で比較的高く要求されている。

ところで、Chronicleで抽出した専任アドバイザーは、ExecutiveとAdministrativeとに関するものであったが件数は少なかった。そこで、別な求人サイトでも同様の結果が得られるのかどうかを、NACADAの求人サイトを用いて検証してみたい[18]。アドバイジング関連の求人件数は、70件であり、その内訳は以下のとおりである。

アカデミック・アドバイザー／コーディネーター　　　　37件、
ディレクター／アシスタント・ディレクター／学部長等　24件、
その他　　　　　　　　　　　　　　　　　　　　　　9件

参考にした雇用条件によれば、専門性の3項目に関して、それぞれ「必要とされる能力」あるいは「好ましい能力」[19]に区分されている。管理職ではない専任アドバイザー（ここではアカデミック・アドバイザー、コーディネーター）に求められる専門性をまとめたのが、図4-2である。

管理職であるディレクター／アシスタント・ディレクター／学部長等と管理職ではないアドバイザー／コーディネーターに求められる専門性について比較してみよう（表4-7）。

両者とも、「技術」「対応」の順に求められる比率が高いところは共通している。この点については、前述のChronicleにおいても同様であった。特徴と

してあげられるのは、「態度(対応)」および「その他」において管理職位でより高く求められている点である。これらでは、アドバイジングに関わる内容に加え、管理的な能力が求められている。

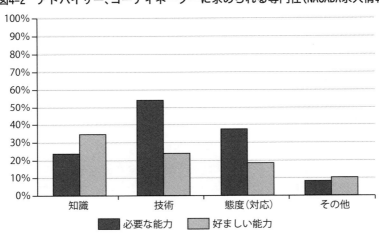

図4-2　アドバイザー、コーディネーターに求められる専門性(NACADA求人情報)

表4-7　求められる専門性(職種別：NACADA求人情報より作成)

職種	能力	知識	技術	態度(対応)	その他
アカデミック・アドバイザー／コーディネーター	必要な能力	24.3%	54.1%	37.8%	8.1%
	好ましい能力	35.1%	24.3%	18.9%	10.8%
ディレクター／アシスタントディレクター／学部長等	必要な能力	33.3%	66.7%	58.3%	41.7%
	好ましい能力	12.5%	8.3%	0.0%	16.7%

3）分析の諸要素－採用条件に求められる2職種の特徴と共通点について

　以下、先行研究と採用条件におけるアドバイジング実践者(教員と専任アドバイザー)に求められる専門性の3項目について比較する(**表4-8**)。求人条件を基に教員と専任アドバイザーの特徴と共通点を焦点としてまとめておきたい。

両者の専門性には、次のような対応関係がみられる。それぞれの記載を比較し、アドバイジングの担い手に求められている専門性を明らかにする。

表4-8　先行研究／専門職団体による議論と採用条件の比較

先行研究／専門職団体による議論(表4-1)	採用条件
知識	業績(詳細内容)、知識
技術	能力(詳細内容)、技術
対応	能力(詳細内容)、対応

「知識」について

先行研究や専門職団体による議論の整理(**表4-1**)では、知識には「アドバイジングに関する基礎知識」「高等教育に関する知識」「学生発達理論」等が挙げられていた。採用条件によれば、担い手には、専門分野、大学のガイドラインに関連した知識が求められている。これに加えて、アドバイジングの経験が求められることもある。カレッジや学部、研究室内でのアドバイジング、プロジェクト、大学院生へのアドバイジング、在籍継続率の向上を目的としたアドバイジング等である。これらの経験を通じて、必要な知識が身についていると判断されていると考えられる。

次に、職種別の特徴を見てみる。教員に求められる知識は、担当する授業およびその専門分野に関するものである。これは求人が専門分野の教員募集であるためではあるが、ここで求められている知識はアカデミック・アドバイジングにおいても必要とされる。なぜなら、教員によるアドバイジングの内容は、主として各々の専門とする研究分野と担当する授業に関連する事項が主であるからである。以上のことから、専門分野に関する知識は、教授活動およびアドバイジング活動の両面から求められている。特筆すべきは、学生指導(教育)に関する知識も求められていることである。

専任アドバイザーにも専門分野に関する知識は求められる。特徴的なのは、「大学教育に関するガイドライン、学内外の規則等に関する知識」「在籍継続

率、学生発達理論」といった専任アドバイザーのアドバイジングに必要とされる知識である。これらの知識は、高等教育に関する知識、アドバイジングを受ける者(学生)に対する理解、各大学でのアドバイジングに関する知識と応用というアドバイジング実践者に求められる専門性に関する諸論者の指摘にも通じている。同時にこれらは、専任アドバイザーによって担当されるアカデミック・アドバイジングの範囲を示している。

しかし、先の専門性の整理(表4-1)に当てはめてみると、求人時点では求められていない知識もある。教員の場合は、高等教育に関する知識、アドバイジングに関する基礎知識等のアカデミック・アドバイジングに関わる知識である。また、教員と専任アドバイザーの両者とも学生の特質に関する知識、意思決定の過程に関する知識、発達理論等については、求人条件にはみられず、必ずしも求められてはいないといえる。

「技術」について

「技術」について、先行研究の指摘(表4-1)では、問題解決能力、広報活動、計画立案技術、コンピュータ技術等に対する指摘がある。これに対して採用条件においては、学生にいかに情報を伝えるかという点において「記述によるコミュニケーション」「コンピュータ技術」が求められている。詳細内容の項目内では能力について、学習、キャリア、職業に関するアドバイジングの能力と記載されており、この点については学生に対する発問技術が問われていると考えられる。

教員の採用条件の中ではほとんど要求されてはいないが、専任アドバイザーの場合は、記述によるコミュニケーションやコンピュータ技術について比較的高い割合で要求されている。しかし、先行研究によって指摘(表4-1)されていた「計画立案」や「人前で話す際の能力」はさほど求められてはいない。

「態度(対応)」について

「態度(対応)」に関して、採用条件で求められている専門性は「コミュニケーションスキル」「学生・教職員との相互理解」「多様な学生への対応」の順に高く、先の指摘(表4-1)と合致しているところである。

教員と専任アドバイザーに共通しているのが「コミュニケーションスキル」である。求められている比率は両者ともに比較的高い。しかし、教員に関しては、先の指摘（表4-1）のうち、チームで協力して働くことができるという指摘にあたる「教職員との相互理解などの調整能力」は求人段階では求められてはいない。他方、専任アドバイザーについては、「コミュニケーション」に加えて「組織技術／マネジメント」の2項目の割合が高かったが、それ以外はさほど高い要求はない。

「業績」について

「業績」については、教員では「研究」の比率が高く、詳細内容に関しても「教育」「著述（出版）」に関する要求の比率も高い（Facultyは例外である）。つまり、教員に求められているのは各々の専門分野に関連する業績である。専任アドバイザーについても、「研究」の比率は他の項目に比して高いが、求められている内容は高等教育、資金（fund）や担当業務に関連する研究である。比率はそう高くはないが、Administrativeに関してアカデミック・アドバイジングに通じるマネジメントや学生の活動に関わる業績が求められている。教員に対して比率は高くないものの「アドバイジング」に関わる業績が求められている場合も見られる。

(3) 求められる専門性の検証

ひるがえって図4-1（本書133頁）を見ると、専門性の3項目について採用条件として教員に求められている専門性は、「知識」（43％）、「技術」（28％）、「態度（対応）」（26％）であり、専任アドバイザーについては、「知識」（62％）、「技術」（56％）「態度（対応）」（65％）であった。以上のことから、採用条件の要素として3つの専門性は含まれてはいるが、必ずしも先行研究を用いて定義した内容の全てを網羅しうるものではない。また、教員と専任アドバイザーの間で、要求される専門性の比率には差異があることが明らかとなった。

以上のことから、雇用段階でもアカデミック・アドバイジングに関する専門性がある程度は求められているが、すべての専門性と内容を「全備」した人

材が要求されているわけではないことが分かる。それを補うのが、雇用時点までの経験と業績と捉えられる。また、知的専門職に必要な技能の大部分は、就業後に獲得されるという教育専門職に対するコリンズの指摘(新堀監訳, 1984)を専任アドバイザーに置き換えれば、アカデミック・アドバイジングの専門性は就業後に補われていくものと考えられる。

　アカデミック・アドバイジングの実践にあたっては、これらの専門性のさらなる向上が求められることは言うまでもない。この点について、CASの規準では、「アドバイジング実践者に対し、専門的能力やスキルを改善・向上する」ことが強く求められている[20]。

　アカデミック・アドバイジングの担い手である教員および専任アドバイザーの両者に求められる専門性について、ChronicleおよびNACADAの求人広告が語るコンピテンシーを軸として整理を行った。

　専任アドバイザーは、伝統的な専門職とはまだ認識されてはいない。しかし、これまで論じてきたように、アカデミック・アドバイジングの実践において、アドバイジング実践者に対しても、アドバイジング分野における専門性が求められていることは明らかである。次節では専任アドバイザーの専門職化に向けた努力や取組みについて考察する。

第3節　専門職性および専門性の確保への取組み

　本章第1節では、歴史的専門職の枠組みに沿って検討したアカデミック・アドバイジングの専門職性は、大学院の設立あるいは資格制度化の途上にあるという点から見てもなお、専門職性の途上にあるという結論であった。

　では、専門職性を確保していくためには、どのような取り組みが求められるだろうか。専門職性確保に向けては、社会的にその職種が認識される必要性があり、専門職団体が担う役割が大きいことは容易に理解できる。社会的に認められるためには、その業務が学問的な体系を構成すること、あるいは業務の充実が求められる。そこで、体系的な知識という意味で、どのような

学位が求められているのかを検証する。加えて、業務の充実にも関係することであるが、経験も必要条件になってくると考えられる。専任アドバイザーの雇用に際して、大学院での学位あるいは専門的な経験やアドバイジング領域に関わる特別分野での研修を求めるのが一般的だという(Goetz, 2004)。ハブリー(2009)は、専門職団体NACADAを中心とした研究分野、大学院教育の充実等が必要だとする。本節では、専門職性確保のために、NACADAを中心としたアカデミック・アドバイジングに関わる体系的知識獲得と教育訓練に関して整理してみよう。

(1) 専門職性確保への取組みとその要因

専門職性の確保に当たっては、アカデミック・アドバイジングにおいて、体系的知識と長期間の教育訓練が必要とされている。アカデミック・アドバイジングに求められている学位条件について、先行研究および前節で取り上げたChronicleの採用条件から見てみよう。

1) 学位

アドバイジング実践者として求められる「学位」については、学生発達やカウンセリング分野での大学院の学位が求められ、さらにアドバイジング領域に関連する学位取得や授業の受講が奨励されている(Goetz, 2004)。専任アドバイザーの雇用に際して必ずしも学位を要求しない場合もあるが、管理職位に関しては一般的に職種に関連する大学院での学位取得が求められる(Gordon, 1992)。学士であっても、アカデミック・アドバイジングの職に就くことはできる場合があるとしながらも、多くの場合は高等教育、学生支援、カウンセリング、心理学や社会福祉、教養・美術・ビジネス等アドバイジング対象に関連する分野の修士学位が求められる(McMahan, 2008)。アカデミック・アドバイジングに関するCASの『規準とガイドライン』においても、アドバイジング実践者には「職務に関わる大学院もしくは専門職学位を取得すること」を求めている。以上のように、一般的にはアカデミック・アドバイジングに関連する修士学位の取得が求められている。

実際の採用に関してはどうであろうか。Chronicleの採用条件から、以下の5項目に分類できる(**表4-9**)。

教員については主として、博士(64.2%)および修士(32.9%)学位が求められ、併せて90%を超えて要求されている。専任アドバイザーについては、修士(41.8%)、BA(30.6%)、博士(24.5%)の順に要求されている。教員に対して博士・修士の学位が高い割合で要求されている理由として、教員は専門分野に関連する科目の教授、さらに大学院生に対する論文指導を含むアドバイジングを担っていることが挙げられる。

表4-9　職種ごとに求められる学位条件　　　　　　　　　　　　　　　(%)

職種	博士	ABD	修士	Terminal	BA
教員	64.2	6.0	32.9	3.8	5.4
Tenure Track	74.3	7.5	27.1	5.1	2.8
Non-Tenure	36.2	2.9	49.3	1.4	13.0
Faculty	57.6	3.0	36.4	-	6.1
専任アドバイザー	24.5	—	41.8	8.2	30.6
Executive	42.9	—	21.4	14.3	28.6
Administrative	21.4	—	45.2	7.1	31.0

他方、専任アドバイザーに要求されている学位の領域は、学生支援、高等教育、カウンセリング、心理学等のアドバイジングに関連する分野あるいはビジネス等の学位である。その中には、学位の種類のみを挙げ、特に領域・分野に触れられていない場合も多い。「学位」に関して、教員には「博士」あるいは「修士」の大学院レベルが要求されている。専任アドバイザーのうちExecutiveについては、大学院レベルの学位が要求されているのに対して、Administrativeについては大学院レベルから準学士レベルまでと幅広く、求められているレベルは必ずしも一様ではない。

次に、求められる学位の分野について、教員に関しては担当する講義および研究分野である。専任アドバイザーのうちAdministrativeに関しては、学生発達や学生人材等のいわゆる学生に関する分野、心理学、カウンセリングや

高等教育等に関する学位が条件として記述されている。

　このように「学位」の分野に関しては、それぞれが担うアドバイジング内容に即した、あるいは関連したレベルと分野が求められている場合が多く見られる。ただし、アカデミック・アドバイジングそのものが必ずしも学位の領域・分野として要求される対象ではない。しかし、今後の展開過程によれば、その専門職性が社会的にも認知され、高等教育課程においてもアカデミック・アドバイジングそれ自体の学位の設置と認定が進み、また、その学位取得が採用における優位な条件となる可能性は、第1節で検討したようにあり得ることである。

　アカデミック・アドバイジングを専攻分野とする唯一の大学院課程であるカンザス州立大学(Kansas State University)の例について触れておきたい。カンザス州立大学は、NACADAと提携し、大学院課程による能力開発の機会も提供している。コンピュータ通信を利用し、アカデミック・アドバイジングを専攻分野とする「大学院修士課程(30単位)」と「アドバイジング者証明プログラム(15単位)」の2コースを提供している。「証明プログラム」では学習理論、学生発達理論、多文化教育、キャリア発達やアカデミック・アドバイジングの基礎の諸科目がある。アカデミック・アドバイジングの知識を広げたい専任アドバイザー、管理職、教員が対象である。修士課程では、アカデミック・アドバイジングに関連した正式な教育を受講したい専任アドバイザーや管理職と専門分野を超えてアカデミック・アドバイジングの知識を得たい教員とアカデミック・アドバイジングを担いたいと思っている学生を対象としている。

　カンザス州立大学大学院課程で提供している科目とその概要(**表4-10**)によれば、コミュニケーションや対人関係技術の向上に主眼を置いた科目もあるが、アカデミック・アドバイジングや高等教育に関連する理論や基礎情報あるいは学生の特質に関する「概念」要素を中心としたカリキュラムが設定されている。大学院課程であるためか、高等教育やアカデミック・アドバイジングに関する理論が中心の構成である。ただし、研究方法の科目では、調査研

究の概念や理論、実際の分析に関する技術も含まれることから「情報」要素も含まれている。なお、「概念」および「情報」要素については次項で詳述する。

2) 経験

次に、専門職性を担保するためのもう1つの条件項目として「経験」について記しておきたい。

CASの規準では、教育や業務の関連資格と関連業務における経験との適切な組み合わせを求めている。アドバイザーとして職に就く際にはアドバイジングの経験が求められる場合がある。そのために、アカデミック・アドバイジング・センターや学科のアドバイジング・オフィス等での勤務、教務課による新入生コースでのインターンシップ、大学院生アシスタント、ボランティア活動等の経験が奨励されている(Tuttle, 2000)。アカデミック・アドバイジング職のほぼ全てで、関連業務での経験が問われるため、学生支援部署でのインターンシップやアルバイト等のアドバイジングに関連する経験が推奨されている(McMahan, 2008)。なぜなら、このようなアカデミック・アドバイジングに関連する経験を積んでおくことは、アドバイザーとしての実践に際して有効に作用するからである(Bates, 2007)。

Chronicleの採用条件では以下のようにアドバイジングに関わる具体的な経験が問われている。教員においては「カレッジや学部でのアドバイジング経験」あるいは「キャリアに関するアドバイジング経験」について求められている場合がある。また、職種の詳細区分による特徴を上げると、Non Tenureでは「高等教育でのアドバイジング経験」を、Facultyには「大学院生に対するアドバイジング経験」を問うている求人も見られる。専任アドバイザーに関しても問われている経験は同様である。すなわち、「アカデミック・アドバイジングの経験」、さらに具体的に「カレッジ・レベルのアドバイジング経験」、「学部学生へのアドバイジング」、「就職や在籍継続の向上を目的としたアドバイジング」である。なお、Administrativeでは、「留学についてのアドバイジング経験」を問われているケースも見られた。

以上のことからアドバイジング実践者が有効に機能するためには、「学位」

表4-10 カンザス州立大学「アカデミック・アドバイジング・コースカリキュラム」

No.	科目名	科目概要
752	College Student Athletes	大学生運動選手に関する研究：大学対抗陸上競技、学生運動選手のプレッシャーと挑戦、学生発達理論、生活技術プログラム、全米大学体育協会の方針、多様性、性差別。
816	Research Methods	定性的、定量的な社会科学研究手法の研究。実践者中心であり、専門的実践において意思決定や研究を正当化させるために既公表研究や進行中の研究に対する正確な分析を提供する。
829	Learning Principles	心理社会的変数、学習形態や学習方法を含む学習行動を向上させる要因に関する研究概要と学習理論に関する調査。評価から実践に至るまでの学生の学習行動を向上させる戦略についての解説も含まれる (certificate course)。
835	Foundations of Academic Advising	高等教育における学生の成功と在籍継続の基本的な構成要素としてのアカデミック・アドバイジングの基礎を研究する：発達的助言、アカデミック・アドバイジングに関する研究、提供モデルと制度、多様化層を含む助言技能、助言者や助言プログラムに対する評価や褒章制度 (certificate course)。
836	Interpersonal Relations for Academic Advising	コミュニケーション／対人関係技術の向上に着目する：個人の特性、言語や非言語反応や行動、倫理的配慮の支援過程での影響を含む。
838	The College Students with Special Needs	アメリカ高等教育における大学生に関連するおもな人間発達理論を学生に紹介するために設計されている。現代の学生発達理論と研究に着目。この理論や研究が高等教育の政策や実践の設計どのように利用されているか。助言者、カウンセラー、学生業務に携わる専門職に有益 (certificate course)。
851	Multicultural Aspects of Academic Advising	助言の実践で関係する多文化、民族、人種、言語の課題を学生に紹介する (certificate course)。
863	Trends in Career Development	高等教育へのキャリア発達理論、研究、実践や情報の活用に重点を置き、生涯にわたって人間が生活する上での労働の役割を示す。高等教育の専門職が世界の変化の文脈の中で、学生の学習やキャリア向上、計画、意思決定を導くことを支援する (certificate course)。
853	College Students with Special Needs	障害を持つ大学生に焦点を当てている：障害のある学生、文化的な障害、歴史的、法的、倫理的な考慮事項、キャンパスでの公平な権利、学習、社会、情緒的、精神衛生上の課題、支援。
761	Intercollegiate Athletics and the College Student Athlete	NCAAの政策や指針、大学対抗競技分野での役割と責任を調査する：市場、資金調達、対外関係、スポーツ情報、コーチング、学習支援。
837	Administration of Academic Advising	高等教育での重要な理論、概念、モデル、課題や学習助言の管理に含まれるその他の要因を理解する機会を提供する。課題には、レポート、オンライン協議への参加、累積ポートフォリオの提出が含まれる。

カンザス州立大学 (Kansas State University) のカリキュラムとコースガイド (2011) より作成。

による専門的な理論や学術的な体系的知識の修得と、学生に対応するための現場での実践力を身につける「経験」の両面が必要とされている。

次に、専任アドバイザーの専門職性確保に向けた具体的な取り組みとその要因について確認してみたい。

専任アドバイザーはアカデミック・アドバイジングの歴史的な変遷過程の中で、当初教員の補佐役としてアカデミック・アドバイジングに携わるようになった。求められている専門性は、教員のそれとは異なっているという背景がある。そこで、自らの専門性を向上させるために、OJT、職場内研修、NACADA主催の研修等の機会を積極的に利用している。専任アドバイザーは、日常業務において、自己を「専門職」として認識し、その責任において職務を担っている。さらに、教員やアカデミック・アドバイジングに関係する他部署の担当者等との連携に努めている。このことは先行研究による指摘や訪問調査によって確認された。

専任アドバイザーが専門性の向上に努め、専門職性確保に取り組む要因としてアカデミック・アドバイジングの維持・必要性の認識と自らの地位向上という2つの側面が考えられる。これまで論じてきたように、アカデミック・アドバイジングは、学生の修学に向けた支援として、必要に応じて機能を拡大してきた。その背景には、賃金格差の大きいアメリカ社会で、学位取得が、生活の安定を意味するという事実があるものと考えられる。学生にとってのアカデミック・アドバイジングは、学位と資格の取得および将来の目的を成功させるために有効に働いており、また、今まで明らかにしたように、大学側からも重要な位置を占めている。アカデミック・アドバイジングを維持・向上することで、学生をはじめ関係教職員、ひいては大学への貢献に繋がるのである。

兼務である教員と異なり、専任アドバイザーにとって、アカデミック・アドバイジングは、自己の職業そのものである。そのため、自己が担当する業務において専門職性を得ることで、待遇面の向上も可能と考えている。さらに、待遇面の向上は、よりよいアカデミック・アドバイジングの提供を可能

にする。専任アドバイザーにとって、アカデミック・アドバイジングを維持することは、自己の存在を維持するという意義に加え、学生をはじめ関係教職員、ひいては大学のために貢献するという動機づけにもつながる。アカデミック・アドバイジングの職場環境を改善することにより、専任アドバイザーの前向きな姿勢が生まれ、学生にとってよりよいアカデミック・アドバイジングを提供できるのである。

専任アドバイザーとしての地位向上の背景には、教員との待遇の差がある。教員はアカデミック・アドバイジングを担うことがテニュア職への条件となる場合も見られる。しかし、専任アドバイザーには、そのような制度は見られない。そのため、待遇面の向上という観点からも、自己の担当する業務において専門職性の確保が必要とされているのではないだろうか。この点は、アドバイジングの歴史的な背景からも理解できる。

(2) 専門性確保の取組み──NACADAの取組みを参考に
1) 能力開発の基礎的要素

実践者に求められる専門性の4項目について、必ずしも専門性を「全備」して実践の場に立っているとは限らないことは、本章第2節(3)で明らかにした。では、専任アドバイザーはいかにしてこれらの専門性を修得しているのだろうか。この点に関し、専門職団体であるNACADAによる取組みをもう一つの示唆として、参照したい。

NACADAは、アカデミック・アドバイジング実践者に対する能力開発に関する理論を紹介している。この理論では、アドバイジング実践者に必要とされている研修の要素として「概念」、「情報」、「関係」の3項目が提示されている (King, 2000; Davis, 2003; Brown, 2008)。この3要素は、先述したアドバイジングの専門性との共通性も見られ、NACADAや多くの大学で実施される研修プログラムの基礎となっている。各要素の内容とアドバイジング実践者に求められる専門性との関連は、**表4-11**の通りである。

「概念」には、アドバイジング実践者が理解すべき内容として、高等教育や

連邦政府による法令等、アドバイジングの定義、理論的枠組み等に関する事項が含まれており、先の専門性の「知識」に相当する。「情報」は大学の規定や規則、プログラムや授業提供、参照資料を含む知識などのアドバイジング実践者が知るべき事項を含んでおり、専門性の「知識」と「技術」に相当する。「関係」には聞き取り能力、コミュニケーション技能、インタビューに必要なスキルといったアドバイジングの実践のために必要な技能を含んでおり、専門性の「態度(対応)」と「知識」を含んでいる。

　これらの3要素はアドバイジング実践者として求められている要素であり、教員・専任アドバイザーに共通する要素であると理解される。他方、3要素に関する研修内容について、アドバイジング実践者としての教員と専任アドバイザーに共通する事項とそれぞれの特性を踏まえたものであるべきだという指摘もある(Beres, 2010)。確かに、採用時の専門性の検証においても、教員、専任アドバイザーによる差異が生じていたという事実は見られた(第4章2節(2)、(3))。研修内容に関してはなお考慮の余地が残されているというべきであろう。

　教員に関しては、専門分野に関する教育やキャリアについての知識は有しているが、学生発達理論や学生とのコミュニケーション技能の重要性、あるいはキャンパス・リソース、大学の政策や手続きに関する知識が乏しいと捉えられている。また、各大学の状況に沿ったアドバイジングの質的向上と学生発達あるいはキャリア発達に関する知識等が必要である(Gordon, 2003a)。

　専任アドバイザーに関しては、一般的に大学の政策や手続き、学生発達理論に関する知識、学生が利用可能な他部署に関する知識やコミュニケーションに関する知識は会得しているが、授業や専門分野における教育やキャリア機会に関する知識を有していない場合もある。そのため、学問領域やカリキュラム体系に関する研修が必要であり、そのほかにリーダーシップ経験を積むことやアカデミック・アドバイジングに関する研究発表を行うことも重要である。

　両者の得ている知識の度合いから、教員に対しては前掲3要素についての

表4-11　アドバイジング実践者の研修に必要な要素と求められる専門性

要素	内容	専門性
概念	アドバイジング構造／モデル 高等教育とアドバイジングの傾向 学生の特質 キャンパス文化 連邦の教育権、プライバシー保護法、および法律問題 大学の指針／アドバイジングのミッション NACADA概念 アドバイジングの提供に関する理論的枠組み（発達的助言等） キャリア・アドバイジング	知識
情報	必修／選択科目、手続きフォーム 大学の学生層 学内の資料、関連部署 大学内のアドバイジングの歴史 学内特有の専門用語 学内ニーズ	知識
	データ管理 アドバイジングのスキル ノートテイク	技術
関係	アクティブ・リスニング 紹介の仕方 特別な集団 両親 同僚、教員、アドバイザーや学生との対応 燃え尽き症候群への対応 学生の期待 境界線 対立 コミュニケーション・スキル 接触しやすさ	態度 (対応)
	学生ニーズ 自殺志願／感情的な学生	知識

Davis（2003）を基に、Higginson（2000）, King（2000）, Brown（2008）らによる指摘を加え、専門性は筆者が付け加え作成

包括的な研修の実施を、専任アドバイザーに関しては、特に「情報」に焦点を当てた研修を行うことが必要である（King, 2000）。なお、研修を実施する場合は、その対象となるアドバイザーの教育経験、世代、経験年数、性格等に配慮することが重要とされている。

2) NACADA による提供プログラム

　アドバイジング実践者に対する能力開発に関しては、OJTのほか、大学で実際に実施されている研修、NACADAによって例年実施されている研修と大学院課程等が挙げられる。各大学で実施されている研修は年1回程度と言われているが、NACADAは年間を通じてさまざまな内容を含む企画を提供している。そのため、アドバイジング実践者に対する影響も大きく、広く利用されていると考えられる。学内での研修に比べ、アカデミック・アドバイジングの業務に特化した研修機会となるため、その効果も期待できる。そこで、本小節では、NACADAの提供している能力開発プログラムと3要素の関連についてあらためて吟味し、アドバイジング実践者への能力開発におけるNACADAの役割について確認しておきたい。

　NACADAが提供する能力開発プログラムは、全国や地区レベル、対面集会やインターネット等さまざまな形態で実施されている。2013年以降、隔年で国際的レベルの大会も開催している。ここでは、全国レベルで継続的に提供されている能力開発プログラムのうち、参加を希望する会員が一か所に集まって行われる対面集会型のプログラムを取り上げる。

①夏期集中コース（Summer Institute）
②管理者集中コース（Administrator's Institute）
③評価研究会（Assessment Institute）
④冬期セミナー（Winter Seminar）[21]

　①夏期集中コースは、1986年以降、夏季の6日間（2004年以降は年2回開催）、教員アドバイザー、専任アドバイザー、アドバイジング・カウンセラー、アドバイジング担当部長、副学長等の個人参加あるいはグループ参加を対象として開催されているプログラムである。

　これは、アドバイジング理論の基礎、構成要素と課題を取り上げ、アカデミック・アドバイジングや学生を成功に導くために専門家、熟練者やアドバ

イザー同士のネットワーク機会を提供することも目的としている。プログラムの実施形態は、セッション、ワークショップ、小グループ協議で構成されており、これらのプログラム参加を通して、参加者は、所属大学の課題や改善事項について独自の実行計画を立てる。さらに、このプログラムへの参加は、前述したカンザス州立大学大学院修士課程(Master of Science in Academic Advising)のカリキュラムのうち、「カウンセリングと教育心理学：アカデミック・アドバイジング」の単位として認定される。

　このプログラムでは、所属大学でのアカデミック・アドバイジングの実践を視野に入れた実行計画の立案が組み込まれている。所属大学での課題を基に実行計画を立案することから、研修後に所属大学で実際に活用することも期待される。また、プロセスの中でアカデミック・アドバイジングのベテラン講師陣の意見も得られるため、参加者の専門性の向上につながると考えられる。アカデミック・アドバイジングの基礎的要素（「概念」）に加えて、時宜に即した課題・テーマ（「情報」）を扱っている。その上、実行計画を作成するために、参加者や専門家等とコミュニケーションを取り、必要な関連情報を修得し、アカデミック・アドバイジングの概要や基本的な理論等を考える機会になりうる。これらのことから、「概念」「情報」「関係」の3要素が有機的に組み込まれたプログラムだと考えられる。

　②の管理者集中コースは、2003年以降冬季の3日間、管理職を対象として実施されている。

　プログラムは、全体セッションと並列セッション、小グループ協議、アドバイジング・プロジェクト助成申請のための相談時間で構成されている。アカデミック・アドバイジングのすべての管理職を対象とし、その経験期間の長さに関わらず、実践に関する情報提供とアカデミック・アドバイジング・プログラムの改善に対する支援を目的としている。全体セッションでは学習や教育を、並列セッションではアカデミック・アドバイジングの評価、研修、学生の学習成果や学習に関連する事項をテーマとして取り上げている。

　このプログラムは、アカデミック・アドバイジングの諸課題についての情

報提供を主眼としている。アカデミック・アドバイジングに関する様々な「情報」を得ることと、他の参加者やコーディネーターとの協議を通じてコミュニケーションを得る「関係」も含まれている。

　③の評価研究会は、2004年以降、冬季の2日半で実施される、文字通り評価に関する研修プログラムである。アカデミック・アドバイジングにとって不可欠である評価に関して、成功した評価プログラムの構成要素や、参加者の所属機関で開発し改善している評価プログラムに関する戦略とツールに焦点を当てたものである。全体セッションとグループ協議で構成されている。過去3年間のプログラム内容を見ると、全体セッションは、学習と学習成果、アカデミック・アドバイジングの成果のための評価を、グループ協議はアカデミック・アドバイジングのシラバス作成、ルーブリック等のアドバイジングの評価に特化した内容で構成されている。このプログラムは、アカデミック・アドバイジングの評価に特化したプログラムであり、その内容から評価とそれに関連した理論や技術を得られると考えられることから、先に触れた3要素のうち、「概念」と「情報」が組み込まれていると考えられる。

　④の冬期研究会は、冬季2日間に教員アドバイザー、専任アドバイザー、管理職等を対象として実施されている。

　この研究会で取り上げられるテーマ、全体セッション、小グループ協議、並列セッションの組み合わせなどのプログラム構成は年ごとに異なる。2009年以降に取り上げられたテーマは、「全学的なアカデミック・アドバイジングのための技術ツール活用」(2009年)、「在籍継続率戦略、在籍継続率向上」(2010年)、「学生の在籍継続率を向上させるための研究やデータ活用」(2011年)、「教育と学習としてのアカデミック・アドバイジング」(2012年)「アドバイジング・カリキュラムと学生の学習期待の開発」(2012年)、「アドバイジング・カリキュラムに沿った学習方法や学習活動の作成」(2012年)「アカデミック・アドバイジング・シラバスの活用」(2012年)、「成人学習者への対応」(2013年)、「技術とアカデミック・アドバイジング」(2014年)である。これらを見て理解されるように、アカデミック・アドバイジングの実践にとって、その時期に

必要な課題がテーマとして設定されており、アカデミック・アドバイジングの3要素のうち、必然的に「概念」要素が組み込まれている。また、他のプログラムと同様に他の参加者とのコミュニケーションを図ることによる「関係」を含む研修でもある。

以上の①〜④のほかにも、NACADAは能力開発に関するプログラムを提供している。その中には学生に関連すること、評価、専任アドバイザーや教員により投稿された論文や各大学による取組みの事例紹介等があり、その範囲は多岐にわたっている。テーマ別の情報交換の機会提供や地域別や全国的な協議会も開催している。地域別や全国的な協議会では、アドバイジング実践者が求めるテーマ発表や協議の場を提供している。こうした情報提供や協議会の中には、「概念」「情報」「関係」という3要素が当然ながら含まれているのである。

このようにNACADAによるアドバイジング実践者に対する研修機会や情報の提供は多様に、多数実施されている。また、NACADAはアドバイジング実践者間のネットワーク形成を促進し、アカデミック・アドバイジングの向上とアドバイジング実践者の能力向上に寄与している。さらに、年次大会やジャーナルの発行等により、アカデミック・アドバイジングの実践および学術的な向上も積極的に図っている。これらはアカデミック・アドバイジング実践者、特に専任アドバイザーの専門性の向上だけではなく、専門職化に向けた取組みとしても捉えることができる。

NACADAと専任アドバイザーの専門職性確保に向けた取組みについて、専門職性の要件と照らして整理しておこう。

NACADAは継続的な研修の機会の提供やジャーナル等の発行により、①高度な体系的知識かつ長期間の教育訓練という専門職性の要件を満たしている。また、アカデミック・アドバイジングの大学院課程および資格制度を設立し、会員の体系的知識が得られるように環境を整えている。②倫理的規範の要件についても、アドバイジング実践者が専門職性を確立するために倫理的規範を提示している。さらに、その普及のために倫理規範に関わる研修会

も実施している。③自律的な専門職団体要件について、専門職として必要と考えられる研修の要素を提示し、一定の基準を示している。また、資格制度の設立目的には、外部基準の確立により、個々のアドバイザーが信頼を得られること、評価と認定を目的とした規準を大学に取り入れている。

このように専任アドバイザーを含むアドバイジング実践者の地位の確立を目指していることは明らかである。

専任アドバイザーも、①体系的知識を取得するために、NACADA主催の研修の他に、学内での研修を積極的に行っている。②自律性の要件に関して、日常業務での学生対応から、学生のニーズを判断し、必要に応じた対応を行っている。③関係する他の教職員との連携について、他部署との連携や教員あるいは他の専任アドバイザー等と連携し、業務に当たっている。やはり専門職化への強い志向をもって研修に励んでいるといえよう。

注
1 田尾(1983)は、プロフェッショナリゼーションの方向は単線的ではありえないとし、個人のパフォーマンスを重視する方向での進行と、個人よりもプロフェッションとしての集団そのものを重視し、集団のパフォーマンスによって社会的威信を得ようとするという2つの方向を示している。
2 コンピテンシーに対する共通の定義は、アメリカにおいても得られていない状況であると言われている(加藤, 2011)。OECDは、コンピテンシー(能力)とは、単なる知識や能力だけではなく、技能や態度をも含む様々な心理的・社会的なリソースを活用して、特定の文脈の中で複雑な要求(課題)に対応することができる力としている。本稿で取り上げるコンピテンシーは、「ある人の職務(役割もしくは責任)の主要部分に影響する知識、スキル、そして態度のまとまり(Lucia & Lepsinger, 1995: 加藤前稿)」と捉えている。
3 ここで取り上げる専門職とは、いわゆる伝統的な専門職ではない。業務を遂行するにあたり、高い知識や技術等の専門性を持つ者である。
4 専門職(profession)に関して諸説がある。
　石村(1969)は学識(科学または高度の知識)に裏付けられ、それ自身一定の基礎理論を持った特殊な技能を特殊な教育または訓練によって修得し、それに基づいて、不特定多数の市民の中から任意に提示された個々の依頼者の具体的要求に応じて、具体的奉仕活動を行い、よって社会全体の利益のために尽くす職業と定義している。

プロフェッショナリズムは、固有の職業的活動への取り組み方ないしその遂行に関する共有の志向を意味する(長尾, 1980)。
5　宮下は、"プロフェッション"と標記しているが、本書で使用している専門職と同等と考えられるため、ここでは専門職と表記する。
6　学生支援の専門職に関して、①共通の目的を持つこと(たとえば、学生のための学習環境を整える)、②専門職を支援する専門的なコミュニティの存在、③その分野の適切な初期準備と継続教育の慣例をもたらす社会化と再生への対応という指摘(Carpenter, 2003)もある。
7　Whitchurch(2009)の調査によれば、専門職に対して修士課程を修了していることが期待される米国では、高等教育行政や学生に関わる専門職の回答者の93%が修士号を、60%が博士号の学位を取得していた。
8　そのほかに、業務に多大な影響を与える政府による政策や法律に関する情報について、アメリカおよびヨーロッパのそれぞれの地域ごとに、いち早く情報提供を行う体制を整えている。また、表彰制度や雇用者および被雇用者に対する求人情報の提供も行っている。
9　この声明では、アドバイジング実践者とアドバイジングを受ける者である学生の双方がアカデミック・アドバイジングによる決定事項に責任を負うことも、併せて記されている。アカデミック・アドバイジングは相互作用による支援であるが、最終的な決定は学生が行うということが前提である。
10　ビジョンの中でグローバルな組織になることを示しており、協会のバナーにThe Global Community for Academic Advisingを付け加えている。
11　アドバイザー認定に関わる第1期NACADAタスクフォースは、NACADA会員を対象とした「アカデミック・アドバイジング・アワード証明プログラム」の創設の可能性を探るために2001年に設立された。外部基準を用いたアドバイザー個人への信頼性の維持、評価やアクレディテーションを目的とした大学基準を設定することなどを目的として提案された。NACADA理事会は、この提案を受け入れ、翌年も継続的に第2期タスクフォースは、効果的なアドバイジングに向けたアドバイザーの知識やスキルに関する基本的な能力に関して提案した。
12　7項目の詳細は以下のとおりである
　①基礎知識
　　アドバイジング指針(advising philosophy)、アドバイジング方法に関する理論的枠組み、CAS規準およびNACADAのアカデミック・アドバイジングの中心目標(宣言)(Core Values of Academic Advising)に関する知識、アドバイジングに関する法的、倫理的理解と実践
　②大学生の特性に関する知識
　　大学生に関する一般的知識、所属大学の学生層およびアドバイジングを受ける学生層の特性に関する知識、異文化とアドバイジングに対する異文化の影響に

関する理解、アドバイジング対象学生の特質を理解するために発達理論やその他の理論への精通
③高等教育に関する知識
　一般的な高等教育の歴史や機関の独自性に関する知識、アドバイジングに影響する倫理や法的意味合いも含め高等教育が直面している課題、学問分野の基礎知識、カリキュラム開発やその論理的根拠
④キャリア・アドバイジングの知識と技術
　大学教育特に専門・専攻に関連するキャリア課題に関する知識、学内の職業に関連する資料・資源情報に関する知識、キャリア決定過程に関する知識、専攻の追認・選択・変更に関する支援能力
⑤コミュニケーションと対人関係技術
　効果的なアドバイジングを行うためのコミュニケーション能力、個人やグループ学生と関わるコミュニケーション能力、支援能力、問題解決能力、記述能力、e-mailやその他の技術を駆使できる能力
⑥各大学でのアドバイジング活用に関わる知識
　所属大学に関する情報、大学のミッションや目的、大学のポリシー、手続きに関する知識、アドバイジングのための専攻やカリキュラムに関する知識、在籍継続率、卒業必修に関する課題への精通、学内と地域コミュニティの関連資料
⑦技術的知識と技術
　アカデミック・アドバイジングに関連する技術システムに関する知識と運用、技術ツールの利用(e-メール、Webブラウザ)と技術(ダウンロード、ソフトウェア、ファイル管理)

13　閲覧日は12月10日～23日の間の11日である。http://chronicle.com/section/Jobs/61/
14　大学により、掲載項目の有無がある
15　Chronicleの雇用レベル中に適応のないAdjunct, Fellowship, Post-Doc, Chair, Directorは除いた件数である。
16　表4-2には、カーネギー大学分類検索ができなかった19件を除いた432件を示す
17　求人条件として、その他に「学位」や「経験」が高い比率で求められている。これらについては、次項の「専門職性確保の取組み」の中で改めて述べることとする。
18　検索日は2013年2月28日である。
19　NACADAの求人サイトでは、雇用条件に関して「必要とされる能力」と「好ましい能力」という表記がなされている。
20　アドバイジング実践者を対象とする能力開発および研修実施の重要性について、以下のような指摘があるので取り上げておく。効果的なアカデミック・アドバイジングのためには全アドバイザーに対する包括的なアドバイザー研修やプログラム開発の実施(Nutt, 2003b)、アドバイジングを受ける学生との関係を構築するため

に必要な態度・技能や行動の開発と強化のための機会を提供する事前および勤務中の能力向上のためのプログラムが必要である (Brown, 2008)。また、最近のアカデミック・アドバイジングは、学生数の増加、在籍継続率に関する懸案事項や消費者意識の増加など様々な要因により、複雑さを増しており、継続した包括的なアドバイジング研修プログラムが重要である (King, 2000)。

21　2013年以降については、開催時期は変わらないが、"Winter Seminar" という呼び方はせず、開催の統一テーマのセミナーという表記がなされているが、ここでは名称変更後のセミナー内容についても併せて取り上げている。

終章　要約と日本への示唆

　第1章から第4章では、アメリカの大学で実践されているアカデミック・アドバイジングの総体的把握を目指し、その歴史的な変遷、アドバイジング制度の現状と現場の取組み、そしてアドバイザーの専門性と職務の専門職性という視点から、各章にわたり議論を積み重ねてきた。

　そこで明らかになったアカデミック・アドバイジングの全体像は、戦後からアメリカの大学モデルに強く影響を受けた日本の大学にとって、いわば"予示的"な実践とも言える。そこで終章では、これまでの各章における分析・考察の結果を整理し、そこから日本の大学教育が学ぶべき示唆を引き出してみたい。

第1節　アメリカの高等教育におけるアカデミック・アドバイジング

(1) 研究課題の考察
1) アカデミック・アドバイジングの果たしてきた役割

　アカデミック・アドバイジングは、アメリカ社会の変化と符合しながら発展を遂げてきた。当初は、学生の生活面への道徳的関与であったアドバイジング内容は、カリキュラムの選択制が導入された結果、新たに履修相談が加わることになった。その後、多様化した学生への対応として、大学に適応するための個別相談が加わった。現在では、情報提供や相談の際には個々の学生の事情を配慮し、また必要に応じて他部署との連携が図られるなど、アドバイジングの実践はさらなる発展を遂げている。こうした変遷の背景には、

大衆化に伴う大学の社会的使命の変化、学生(学習者)を主体とする大学教育の質的転換、大学経営の財源のゆらぎがあると言えるだろう。

　アカデミック・アドバイジング制度の前期には、学長がアドバイザーの役割を担っていたものの、アドバイジングが制度化されるにつれて、その役割は教員へと引き継がれていった。その後、教員を補助する役割としてカウンセラーが加わり、そこに専任アドバイザーが加わった。アドバイジング内容の拡大に伴い、アドバイジング実践者には専門性が求められ、専門職性も急速に高まっていく。現在では、教員と専任アドバイザーとの役割分担(住み分け)と均衡(連携・協働)により、効果的なアドバイジングの提供が目指されている。

　加えて、アカデミック・アドバイジングの役割に注目すると、それは"親代わり"としての生活指導に始まり、履修相談や授業内容に関する学習支援へと広がりをみせた。現在では、学生の個別性の高い課題の解決や将来のキャリア目標の設定も視野に入れるなど、アドバイジングに期待される役割は非常に高度化している。

　アカデミック・アドバイジングはその機能もまた、各大学の設置形態や規模等を問わず、年代を追うごとに拡大している。その背景には、学生の多様化やカリキュラム改革、そして市場化の進展といった変化がある。カリキュラム改革が実施された際には、アドバイザーが困難を抱えた多様な学生に補足的な説明を行うことで、大学現場の混乱を回避した。つまり、アカデミック・アドバイジングは大学内外の急激な変化に柔軟に対応する機能を果たしていたのである。

　学生の視点から見れば、アカデミック・アドバイジングは、キャリアや人生の目標を明確化し、それに基づいた学習計画について的確な支援を得る場となっている。学生はアカデミック・アドバイジングを利用することにより、必要な情報を収集でき、抱えている課題の解決方法を知ることで、学習のモチベーションを上げることも可能となる。また、アドバイザーとの面談により、コミュニケーションの取り方も学ぶことができる。以上のように、アカ

デミック・アドバイジングは、学生にとっては、自身の最終目的である卒業やキャリア目標の達成のための伴走者役を果たしていると捉えられる。

他方で、大学の側からは、アドバイジングを通じて学生の履修状況や必修科目の単位修得状況を確認することで、大学入学から卒業までの期間、卒業に向けた丁寧な支援を継続的に行うことが可能となった。このような丁寧な対応は、学生の大学に対する満足度を高めることにつながり、在籍継続率や卒業率の向上にも効果を示し、結果として大学経営にとって重要な役割を担うことになっている。さらに、教学的観点から見ても、大学教育の質保証においても有効に働いている。

2) 組織形態の動向

アカデミック・アドバイジングの組織は、学科内あるいは全学的なセンター組織として正式に設置されている。学科については、教員に加えて専任アドバイザーを配置する場合と教員のみがアドバイジングに当たる場合が見られる。他方、センターとして設置されている場合は、専任アドバイザーを配置し、常に学生への対応ができる状況にある。近年は、専任アドバイザーと教員がそれぞれの役割を活かした協働体制へと移行しつつある。

アカデミック・アドバイジングは、各大学の状況に応じて実施される個別性の高い支援であるため、その組織形態が注目されることはなかった。そんな中、ACTの調査結果に基づいて7つの組織モデルが提示されている。「教員中心」「サテライト」「自己完結」「補完」「分担」「二重」「総合受入」である。ACT調査の経年比較(1983年調査、2003年調査)では、いまだに「教員中心」モデルが主流ではあるものの、後退傾向にある。

また、組織モデルの選択は大学設置形態によってある傾向性がみられる。たとえば、4年制私立大学および2年制私立大学では、「教員中心」モデルと「補完」モデル、4年制公立大学では「分担」モデルと「サテライト」モデルを採用する場合が多い。「分担」モデルのように、教員と専任アドバイザーとが協働する組織モデルへの移行も確認されている。こうした協働型モデルの拡がりは、キング(2008)の指摘にあるように、多様化した学生のそれぞれのニーズ

に見合ったアドバイジングを提供しようとする大学の試行錯誤の結果であろう。

ただし、上述した複数体制によるアドバイジングには専任アドバイザーの常駐などかなりの予算が必要とされることもあり、その多くはセンター組織を擁する大規模大学で行われる傾向にある。

3) 専門性の段階と能力開発

マクマハン (2008) らの指摘や専門職団体 NASPA と ACPA の定義を分析した所、アドバイジング実践者の専門性は「知識」「技術」「態度（対応）」の3項目に整理できた。Chronicle と NACADA の求人情報を基に、これら専門性の3項目について求人段階で求められる程度を検証した結果、必ずしもすべての求人側がこれらの専門性を求めてはいなかった。ただし、上述の指摘や言及により明らかにされているように、アカデミック・アドバイジングの実践において、専門性が必要とされていないわけではない。

そこで、アドバイジング実践者の専門性を明確化し、アドバイジングの有効性を高めるための能力開発の必要性が出てくる。日常業務における OJT の実施に加え、自主的な研修が各大学で実施されている。たとえば、訪問大学では専任アドバイザーがアドバイジングの実践で抱えている課題やすぐに活用可能な情報をテーマとして取り上げ、月1回程度の頻度で、協議や研修の機会を持っていた。さらに、このような自発的な研修以外にも全学または部署による学内研修会が少なくとも年1回程度実施されているのが一般的である。このほかに NACADA のような専門職団体が提供する研究会や年次大会等も活用されている。

NACADA の研修プログラムは「概念」「情報」「関係」という3つの能力開発の要素から構成されていた。これらは前述した専門性の「知識」「技術」「態度（対応）」と明確な対応関係にあることから、NACADA の研修はアドバイザーの就職後の専門性を担保する有効な能力開発の機会であると考えられる。

4) 専門職性確保への NACADA の貢献

NACADA は、その設立当初から、教育関係データベース (ERIC) にアカデ

ミック・アドバイジングという用語の登録を働きかけ、ACTやCAS等の他機関と連携（第1章）しながらアドバイジングに関する研究やアドバイザーへの情報提供（第4章）を進めることで、アカデミック・アドバイジングの発展に大きく貢献した。さらに、アドバイザーに能力開発の機会を提供し、調査・研究を積み重ねたその長年の取組み（第4章）は、アドバイジングの専門職性および専門性の確立に欠かせない重要な役割を果たしてきた。

　上述のようなNACADAの積極的な姿勢は、アドバイザー育成の一貫として大学院課程と資格認定プログラムを設立した点にも表れている。設立の目的としては、アドバイザーに求められる能力規準を明確化し、その雇用、評価、昇進の参照基準の提示、そして何より、アドバイジングの質と信頼性を確立し、アドバイザーの社会的地位を維持・向上することが目指されたのである。

　アドバイザーの専門性の向上は、本人のモチベーションを高めるだけではなく、アドバイジングの円滑な実践につながり、学生や大学にとって有益な好循環をもたらす原動力である。こうした循環が生み出された背景には、NACADAの尽力に加え、職業・職務の専門性を重視するアメリカの社会風土の追い風があったことも忘れてはならない。

5）教員および専任アドバイザーの学内での役割

　先行研究によれば、教員はその専門分野や授業に関わるアドバイジングを、専任アドバイザーは全学的な情報提供や履修相談等を、それぞれ担当しているという。この点について検証した訪問大学の事例分析の結果を以下で確認しておこう。

　専任アドバイザーと教員との各々のアドバイジング内容は異なっている。教員は、その専門分野に関わる授業、履修計画、キャリアに関わるアドバイジングを担っている。他方で、専任アドバイザーについては、カリキュラム等に関する情報を周知していることから、大学の指針や履修規程を踏まえ、卒業・専攻にかかる必修単位や修得単位のチェック等のいわゆる履修に関わるアドバイジングを中心に、成績不良者に対する履修停止や警告などの事務

処理を行っている。加えて、学生の興味や関心、将来目標に関連するインターンシップや海外留学等の情報も提供している。

このように、教員は自身の専門性に関わる限られた範囲でのアドバイジングを行っているのに対して、専任アドバイザーはより広い範囲で多様なアドバイジングを担っているのである。先行研究者の指摘した両者の「住み分け」は、実践の場においても概ね成立していると評価することができる。なお、それぞれが対応した学生情報については、電子化されたあるいは紙媒体のファイルにより共有されている。

(2) アカデミック・アドバイジング実践における課題と今後の展望

アカデミック・アドバイジングは、学生および大学に対してその貢献できる範囲を拡大してきた。アメリカの大学に入学してくる学生の多様化は、今後ますます進むものと考えられる。経済不況のあおりを受けてはいるが、今後も学位取得を必要とする者は大学教育を求めてくる。さらに近年、アメリカへの留学生数が増加しており、学生の多様化はより一層複雑なものになると考えられる。また、IT化やグローバル化の進展により、大学の教育形態にも変化が起き始めている。たとえば、インターネットの授業等への導入である。

大学内外をめぐるこのような状況に対し、その変化に応じたアドバイジングが今後も模索されるだろう。というのも、伴走型支援としてのアカデミック・アドバイジングは、学生や社会のニーズに沿いながら、必要であれば組織を再編するなどして、受け入れる学生に合わせたアドバイジングの提供を目指してきたからである。

ここでは、これまでの総括を踏まえ、アカデミック・アドバイジングの実践におけるいくつかの課題について触れておきたい。それは、「ミッション・目的」「学習成果と評価」そして「研修制度」の3つに関連したものである。

まず、アカデミック・アドバイジングのミッションは、一般的に大学のミッションとの関係を含め、その大枠が示されている。大学における教育・支援活動である以上、アドバイジングの活動は大学のミッションに沿うもの

でなければならない。そしてアドバイジング活動のミッションを明示することにより、その透明性と質が担保されるのである。

　しかし、実際にはアドバイジング組織において、ミッションは必ずしも明文化されているわけではない。訪問大学の事例からは、大学のミッションに沿ったミッションが設定されている場合も見られたが、設定すらされてされていない大学も多い。そのような場合は、アドバイジングの目的が示されている場合もあった。今回の訪問調査からは、少数の事例とはいえ、アカデミック・アドバイジングのミッションはその重要性は認識されていながらも、多くの大学ではまだ定着していないという課題が浮彫になったと言える。

　次に、学習成果と評価についてである。アメリカ高等教育の一つの教育プログラムとして、授業や他のプログラムと同様にアカデミック・アドバイジングに対してもその学習成果を明示することが求められている。大学教育の質保証の観点からも、活動の目標を設定し、その成果を測ることが求められる。具体的には、プログラム評価やアドバイジング実践者への学生の評価、アドバイジング実践者による自己評価が推奨されている。加えて、アドバイジングの目的や学習成果を提示するシラバスも導入されつつある。しかし、アカデミック・アドバイジングの学習成果の設定は意識されはじめているものの、多くの大学では制度化には至っていない。プログラムやアドバイジング実践者に対する評価も実施されていないため、アカデミック・アドバイジングの成果がどのように学習成果の向上に寄与したかは客観的に把握されていない。

　しかし、評価制度の充実はこれまで以上に必要となるであろう。既に評価制度の重要性は認識され、理論的な整理は行われている。柔軟なアドバイジングの実践と充実には評価による現状把握と改善は必須である。バークレー校文理カレッジの例のように、アドバイジング組織にIRの兼務人材を配属しているのは稀有な事例と考えられるが、今後は、大学のIR部署との連携をとることで評価制度の充実を図っていくものと予想される。

　最後に、研修制度についてである。アドバイジング実践者としての専門性

を高めるための研修は、NACADAおよび各大学で実施されている。研修に積極的に参加する専任アドバイザーに比べて、教員は能力の向上に積極的とはいえない。訪問大学で実施されている研修においても、専任アドバイザーを中心に実施されており、教員は消極的という印象を受けた。しかし、教員にとっても、アドバイジングの方法等に関する研修は必要である。また、経費や時間的な制約などから研修に参加できない場合もあり、この点も各機関が考慮すべき課題と考える。

これらの状況変化に即した対応ができるよう、アドバイジング人材の能力開発が不可欠なものとなるが、それについては、NACADAを中心に行っていくこととなろう。特にこれまで以上に多様化すると考えられる学生への対応の際には、従来とは異なる対応や能力が必要になるかもしれない。そのためにも、採用後の研修の充実は今後も望まれるところである。

さらに、必要に応じた連携・協働体制の強化は必須条件といえよう。アカデミック・アドバイジングは車輪の車軸だと言われるとおり、学生の大学生活を支援していく上で、他部署との連携は不可欠だからである。

第2節　日本への示唆と今後の研究課題

これまで検証してきたように、アメリカの高等教育におけるアカデミック・アドバイジングの実践を特徴づけるのは、専任アドバイザーと専門職団体の存在である。仮にこれらの制度の日本への導入を考えてみた場合、そのままの形での直接的な導入は難しいとも考えられ、日本の大学動向を考慮する必要があろう。というのも、アメリカのアカデミック・アドバイジングおよび職能団体の誕生と発展は、第1章で検証したように、アメリカ高等教育の歴史的展開過程と密接な関連を有するものだからである。

しかし、高等教育のグローバル化と大衆化という現象は、各国の歴史の個別性を越えて日本でも進行しており、また戦後日本の高等教育はアメリカのそれをいわば見本としてきた経緯がある。したがって、アメリカのアカデ

ミック・アドバイジング制度が日本でも普及する可能性を想定した上で、そこで生じうる課題を先取りして検討する必要がある。そこで以下では、日本がアメリカのアカデミック・アドバイジングを積極的に導入した場合の留意点や改善点について述べる。

(1) アカデミック・アドバイジング制度の日本導入における課題

日本の大学にもアカデミック・アドバイジングを導入した先行事例はいくつかあるが、ここでは「全国的な導入」というケースを仮定し、予想される課題について組織体制とアドバイジング内容という観点から考察を試みる。

1) 組織体制
a 人材

まず、アドバイジング実践者の量的な面である。日本でアドバイジングの実践にも携わっているのは、教員と職員である。アメリカでも教員が、アドバイジングを担当する点は変わらないことから、ここでは職員を中心に見てみる。日本の職員数は全体として微増もしくは現状維持傾向にあるものの[1]、大学によっては減少傾向も見られる。他方、アメリカの非専門職数は横ばいであるものの専門職数はほとんどの大学で増加傾向を示している[2]。アメリカにおいてはアカデミック・アドバイジングを担当する職員として専任アドバイザーもその専門職に含まれる。たとえば、訪問大学の事例で取りあげたカリフォルニア大学バークレー校の文理カレッジでは、2,800人の対象学生に対して18名もの専任アドバイザーが配置されている（アドバイザー1人当たり学生156名）。これは特殊な例とも考えられるが、少なくとも各大学にはアドバイジングを担う専任アドバイザーが配置されている。こうしたアメリカの組織体制を鑑みるに、日本で「全国的な導入」を行う場合には、職員数不足という課題に直面せざるを得ないだろう。

次に実践者の質、即ち専門性についてである。日本では、職員の部署間異動が制度的に行われており、ジェネラルな能力が求められている。佐々木らの実施した調査(2010)[3]によれば、日本の大学職員の担う業務にも変化が

見られ、たとえば、正課科目の担当やIRを担う職員もいるという。しかし、現状においては所属部署の業務内容を分担しており、職員個人が固有の専門性を発揮しているというわけではない。履修登録・手続や助言・相談等を担う職員としては、教務あるいは学務を担当する部署に所属職員が充てられているが、専門性をもった業務担当者としての位置づけはされていない。前述したように、アメリカに比べると職員数が圧倒的に少ない日本の大学では、アドバイジングに専任できる職員を配置することは相当に困難であろう。そうした現状では、アドバイジングに特化した専門性の確立も容易ではない。

b 協働体制

次に、教員と職員による協働体制について考えてみよう。ここでは、アメリカで増加傾向にある「補完」モデルと「二重」モデル、そして「分担」モデルの日本への導入をイメージし、それぞれに対応する課題を考察してみる。

まず、「補完」モデルは、教員が全面的にアドバイジングを担当し、その補助としてアドバイジング・オフィスが関連するハンドブックや参考資料を提供するものである。これは、教員が履修に関連するすべての支援を引き受けるため、教員の負担は相当に大きい。日本では、学生への履修相談を事務局窓口が担うことにより、教員の負担軽減が目指されていることから、教員の負担増となるこのモデルを日本に導入することはそもそも望ましい選択とはいえない。

次に「二重」モデルは、専攻に関しては教員が担当し、大学の方針や学習のための手続きはアドバイジング・センターが担当する、というものである。専攻を決定する前の学生は、アドバイジング・センターの担当である。この専攻決定をゼミの決定と置き換えて考えてみると、ゼミの担当教員が所属のゼミ生の専攻・専門分野に関するアドバイジングを担うという体制は、分野によっては就職も含めて教員が担っている場合もある。このモデルは、日本でもゼミ学生に対して教員が就職を斡旋したり、専門分野の学習を支援する実態があることを鑑みれば、こと教員の果たす役割としては、日本の実態にも親和性があり、当モデルの導入もスムーズに進むと考えられる。ただし、

アドバイジング・センターが担当する専攻決定前の学生については、担当職員に十分な知識が必要となり、また、アドバイジングに費やす時間を確保する必要から、アドバイジングを専任する担当者が求められよう。日本では、教務課の担当者がその業務の一環として担っている場合が多いため、アメリカ的な支援を行う際には、専門性と継続性の確保に向けた組織体制の変更が必要であろう。

最後にアドバイジング・センターと教員が共にアドバイジングを担当する「分担」モデルである。専攻未決定学生や様々なリスクを負う学生については、専任アドバイザーが対応するが、専攻・専門分野に関しては教員が行うことになる。教員は必要に応じてアドバイジングを担うため、「二重」モデルのゼミのイメージとは異なり、学生が研究室に時折質問にやってくるという程度であり、対応は比較的可能とも考えられる。しかし、対応する学生はその都度異なることから、別な負担が起こり得る。このモデルのアドバイジング・センターは、「二重」モデルの場合と共通し、アドバイジングを専門に担う職員が必要となることが予想される。

以上、3つのモデルを日本に導入した場合の教員と職員の対応をイメージしてみた。たしかに、これらのモデルの前提には、学生を卒業に導くために継続的なアドバイジングを提供するセンターの存在があり、卒業率がアメリカほど深刻ではない日本においては、さしずめ履修登録時期のみのプロジェクト型の実施で十分であるとも考えられる。しかし、昨今のいわゆる「教育の質保証」を重視する傾向により、大学の授業内容や成績認定はますます厳しくなっている。日本の大学でも進級率や卒業率が低下し、その維持を課題とする日は遠くないのではないか。また「大学全入時代」を背景とする学生の多様化が、この課題をより深刻化させるのは目に見えている。したがって、履修相談をはじめ、学生の日常的な学習態度や習慣を支援・指導できるような継続的なアドバイジング体制の確立が急がれる。アドバイジングの専門家はその体制に不可欠な存在であり、今後その導入が日本の大学でも求められるのは必至であるといえよう。

c 研修体制

日本の大学では、職員のそれぞれの職務(業務)に特化した学内の研修制度はほとんどなく、かろうじて大学協会の職務別研修がある程度である。別な見方をすれば、異動先でのOJTにより必要に応じて専門的な知識等を習得しているのが日本の大学職員の能力開発の現状である。専任アドバイザーに対して、体系化された研修を継続的に提供しているアメリカの現状とは雲泥の差があると言わざるを得ない。繰り返しになるが、これはアドバイジングが専門的知識を要する職務(業務)であるとの認識が薄いことの証左とも言える。この意識を改善し、研修体制の確立・強化を望むところである。

d 予算体制

アカデミック・アドバイジングを担う人材、組織を擁するための予算措置は、日本においては大変厳しい。特に、学生の過半数以上を受け入れている私立大学は、その40％が定員を確保できず(日本私立学校振興・共済事業団, 2013)、大学経営の財源不足に苦しんでいる。また、国立大学や公立大学においても、運営費交付金の削減等が行われており、決して余裕があるとはいえない。こうした厳しい財政状況の中で、特定の専門分野に特化した専門職としての職員の雇用を期待することは難しいだろう。水田(2010)によれば、学生数対比でアメリカの職員は日本の2倍以上配置されており、学生一人当たりの職員人件費は日本の2倍となっていることが明らかにされている[4]。日本において、アメリカと同様の職員配置を行うだけの財力を見込むことは非常に難しいのである。

2) アドバイジング内容

アメリカにおいて、アドバイジング内容の大きなウェイトは、主に卒業のための履修相談で占められている。その理由は日米の大学修了率をみれば明らかである。具体的な数字としては、日本では90％を越えているのに対し、アメリカでは54％である(文部科学省資料, 2008)。また、在学期間を見てもアメリカにおいては必ずしも4年で卒業するとは限らず、6年かけて卒業する学生もいるのに対して、日本においては、4年間で卒業する者がほとんどで

あり、96％（OECD, 2011）に達している。つまり、卒業に向けた支援という観点からは、現状の日本において、アカデミック・アドバイジングの喫緊性はそこまで問われてはない。しかし、この日本の高い卒業率は、補助金の減額を避けるために成績の悪い学生でも進級・卒業させるという大学の悪しき慣習に支えられたものである。今後、先にふれた「教育の質保証」によって成績評価や卒業認定が厳格化すれば、日本の大学においても卒業に向けたアドバイジング支援を必要とする学生が増加することも考えられる。

　また、学生の多様化への対策として、アドバイジングにかかる期待も大きい。日本の大学では、学生は入学当初から学部・学科等に所属することが一般的である。これまでは、自分の所属学部・学科での学習目的や進路希望をある程度持った学生を受け入れていた日本の高等教育機関は、進学率の上昇に伴い、学習意欲の低下した学生や学習目的が明確ではない学生等、多様な学生を受け入れている。上述の卒業に向けたアドバイジング以前に、大学における学習目標あるいは転学部を含めその後の将来目標の設定を支援するアドバイジングも必要ではないか。

　アカデミック・アドバイジングの特徴である学生の学習に対する主体的な目標設定とその達成を支援するという機能は日本においても有効に活用できると考え得る。アメリカでは、アドバイジング実践者が学生と積極的にコミュニケーションをとることで、学生の満足度が向上し、在籍継続率の上昇にもつながっている。日本においても、アカデミック・アドバイジングが、学生の大学への帰属意識を強めるとともに、能動的な学習を促す支援としても機能する可能性は十分ある。これについては、既に、日本においても履修相談等に職員が参画している現状から、こうした機能の拡がりが期待できる。

（2）アカデミック・アドバイジング制度の確立に向けて

　これまで論じてきたように、アカデミック・アドバイジング制度はアメリカの歴史的、文化的、経済的、そして広く社会的な背景から生成・発展してきた。その制度をそのまま日本に導入するには、大きなそして多くの困難が

伴うだろう。

しかし、大学の大衆化、多様化、グローバル化、そして学士課程教育における学習パラダイム転換という流れは両国に共通したものである。

こうした方向性の中で、日本でも既に始まっている学生の効果的な学習への取組みの先行事例の一つとして、アメリカのアカデミック・アドバイジングから示唆を引き出すことは有意義な試みであろう。以下、それを列挙してみたい。

1) 学生対応の柔軟性

アメリカにおけるアカデミック・アドバイジングの実施体制は、社会あるいは学生の抱える課題や必要性に応じて変化してきた。現在日本の高等教育が抱えている学生の多様化等の課題は、アメリカのケースとは異なる点も多い。しかし、学生への学習に関する支援には、共通性があり、日本の大学生に対しても、個別の課題に即した対応ができるよう責任の所在を明確にした上で、実施主体を確定し、手法を検討し、柔軟な対応が求められるところである。

今後、日本において、学生の学習意欲の低下がさらに進んだ場合や、社会人学生や留学生の増加による学生の多様化が進んだ場合、カリキュラム体制の変化により、入学後に専攻等の選択を実施する場合などには、アメリカのアカデミック・アドバイジングに見られるような体制を参考として、日本の文脈に見合う支援体制も模索される必要性がある。

日本においても学生の効果的な学習への取組みは決して皆無ではなく、大学によっては本格的に実践されている。アメリカのアカデミック・アドバイジングから得られる柔軟な学生対応の必要性という示唆は、学習プログラムの作成などを介して効果的な学習を促すためにも将来に向けた参考になり得る。

2) 共通したスタンダード(基準)の確立の必要性

日本では、文部科学省等によって教育内容の大まかな指針は示されるが、業務レベルの基準までは示されていない。しかし、アドバイジングの質を保つためには、そこでの業務内容についても、ある程度の客観的な基準の提

示・設定は必要である。アメリカでは、CASやNACADAが、アカデミック・アドバイジングの共通基準を示している。これらは業務の手順といった細部までは規定していないが、各々のアドバイジング実践者が担う業務の範囲を明示している。さらに、共通基準を個々の実践主体だけでなく、各大学にも課すことで、組織単位でアカデミック・アドバイジングを一定レベルに保つための有効な基準としても機能している。最低限の基準の提示は有効と考えられる。

3）実践主体の役割・機能と組合せの配慮の必要性

　アカデミック・アドバイジングの実践にあたっては、主として正課教育を扱う教員だけではなく、正課外をサポートする専任アドバイザーにも専門性が必要とされる。しかも、それぞれが担うアドバイジングの内容は異なるため、その専門性もまた異なる。そのため、アドバイジング実践者による得意領域を活かした組合せあるいは相互補完を伴うアドバイジング体制の導入が不可欠となる。我が国でも、教員だけでなく、職員、学生、またはこれらの連携や協働による組織的な学習支援体制が導入されつつあり、それぞれの強みを活かした役割分担と協働が行える組織作りが求められている。これはまた学習に関する大学の個性化にも通じてくるものと言える。

4）研修制度や学習成果設定とその評価制度の導入の必要性

　日本においても学習に関する支援は既に実施されており、職員や教員が担当している。アドバイジングに関わる一定の専門的知識や対応のための技能は必要とされることから、教員および職員に対する研修は必須なものである。学生の状況に見合った対応を行う上で、これらの担当者が共通に協議をする場や能力開発を行う場は必要であろう。

　また、アドバイジングを通じて達成できる学習成果を明示することで、より明確な実践が可能となる。プログラムあるいは実践者に関する評価を行う制度については、アメリカでも導入過程にあるが、プログラムの実践結果の評価とフィードバックというPDCAサイクルは日本においても適用可能である。これは同時にプログラム自体の評価に加え、学生の成果や進捗状況を把

握する手段としても利用できる余地もあろう。

5) 学生の責務の明示の必要性

　アメリカの大学においては、学生がアドバイジングを受けるまでに必要とされる事項、あるいはアドバイジングの結果、最終的に決断を下すのは学生である等の学生自身の負うべき責務が明示されている。単なるサービスとしてではなく、学生の主体的な学習に向けた支援であるアドバイジングにおいて、学生自身の責務を明示することは、学習に対する学生の自覚を促し、併せて将来にわたる自らの社会的責務の認識に通ずることを考えると、今後の日本の大学においても有用なことだと考える。

　以上、アメリカのアカデミック・アドバイジング制度から、いくつかの示唆を引き出すことができた。ここでは最後に、今後の積極的な展望を述べておきたい。

　アカデミック・アドバイジングの日本への導入は特に構成員に与える影響は大きい。まず、学生による主体的な学習が見込まれる。現在の支援体制では、"サービス"という名のもとに、提供することにウエイトが置かれ、学生たちは受け身でいる場合が多い。アドバイジングにおいて、支援を受ける側つまり学生に対する責任も明確にされている。それは、アドバイジングを受ける際に必要なルールを守るとともに、最終的な目標設定は学生自身が行うことである。受身的な支援を受ける場合よりも、学生が設定した目標の達成に向けて取り組む姿勢は積極的になることは明らかである。

　次に、教員と職員の関係性にも変化が起こり得ることが期待される。アドバイジングによる学習成果設定が明確にされることにより、学習支援の場面で求められる目標はより具体的になる。正課と正課外の連携は必須のこととなろう。現状においても、教職員各々は、学習支援に注力しているところである。アドバイジング導入により、両者に求められる目標はより明確化され、授業改善、学生の目標に沿った支援体制の確立、学習環境の整備などが両者の協力により実現する。また、実践に必要とされるFDやSDの展開が期待されるとともに、両者の共同体制はさらに強まることが期待されるのである。

以上のことからアカデミック・アドバイジング導入による教育の質的向上が期待されるところである。

そのためにも以下に述べるような関連する研究を進めることが、これらの示唆および可能性をさらに有意にできると考える。

まずは、日本の学生の学習に関わる状況の客観的把握とその分析に基づく改善の提案である。客観的調査に関しては、現在、各大学、大学間連携や研究者により様々に実施されているが、それに基づいて学習支援等に関する提案を明確に示す段階には至っていない。調査結果を基に、学生たちの学習の成功に向けた具体的なサポートを考察していく必要がある。

次に、実践者である教職員に必要な能力やスキルの抽出と、そのために必要なプログラムの開発に関わる研究である。欧米諸国における学習支援に関わる研究の動向に関しても継続的に捉えておく必要がある。

注

1 日本の大学の大学職員（事務系）数の推移を学校基本調査（文部科学省年次統計2001〜2011）により示した（**図終-1**）。アメリカの専門職スタッフは、1999年から10年間で1.4倍程度増加していたのに対して、日本の職員数は、2001年からの10年間で、国立大学では、0.9倍、公立大学、私立大学ではそれぞれ1.2倍で横ばい状態である。なお、私立大学は微増しているが、これは大学数の増加によるものと推察される。

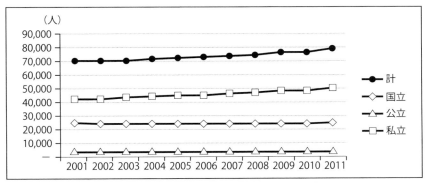

図終-1　日本の大学職員（事務系職員）数の推移
文部科学省学校基本調査年次統計（2001〜2011年）より作成

2　アメリカの教職員数の推移を**図終-2**に示した。まず、注目したいのは専門職スタッフ数の増加である。教員外専門職員（Other Professional）については、163,267人（1976年）から714,605人（2009年）へと4.4倍に増加している。この増加は、教員（Faculty）1.9倍や経営・管理職員（Executive /administrative /managerial）2.3倍に比べて著しい増加を示している。他方、一般職員（Nonprofessional staff）については695,883人（1976年）から835,256人（2009年）の1.2倍と微増状態である（Digest of Education Statistics1976, 2011）。

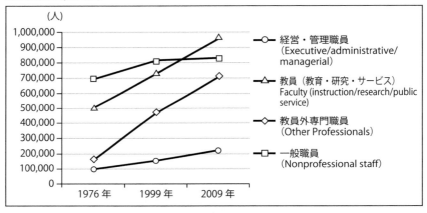

図終-2　アメリカの教職員数の推移（1976年～2009年）
Digest of Education Statistics 2010より作成

3　大学教育学会課題研究グループ「SDの新たな地平―『大学人』能力開発に向けて」（2008年度から2010年度：（メンバー：佐々木一也（代表）、今田晶子、清水栄子、寺﨑昌男、秦敬治、本郷優紀子）による調査結果（清水, 2011）から以下の知見が得られている。
「教員職・職員職にかかわらない教育・研究の充実に関わる新たな業務についての必要性」について尋ねたところ、教員、職員とも新たな業務の存在を認識しており、両者の認識には共通性が見られる。その中には学習支援、学生アドバイスについて回答されている（**表終-1**）。

表終-1　新たな業務(教員・職員)

教員	職員
FD, FDファシリテーター 学習支援, リメディアル教育, ライティングチューター, TAの充実 キャリアカウンセラー 大学教育センター, 学生支援センター, アドバイジングセンター 研究アドミニストレーター IR プロジェクトマネージャー 大学評価専門家(データ収集, 分析, 報告)	FD, SD 学生アドバイス 学生指導の専門職 レジデントアドバイザー 学修支援センター 教育プログラム管理(評価を含む) リサーチアドミニストレーター IR 組織研究, 法人としての経営に関すること 中／長期計画のデザイン化

　次に、職員の授業科目担当の実態について尋ねたところ、「履修相談、オリエンテーション等(68.0%)」あるいは「正課以外の教育プログラム担当(53.9%)」について、回答者が所属する大学のうちの半数以上、職員が担当していることが明らかになった(**図終-3**)また、「正課科目の協働担当者」「正課科目の企画参加」が1割を超えており、既に「正課科目担当」として職員が参画している場合がある。

　「履修相談、オリエンテーション等」の内容は、新入生対象のオリエンテーションやガイダンスと上級生も含む履修指導やガイダンスである。実施は、教務部や学生部のいわゆる事務局主体、または教員と協力して実施されている。履修相談のほかにキャリアガイダンス、教職や資格課程に関する説明会も実施されている。

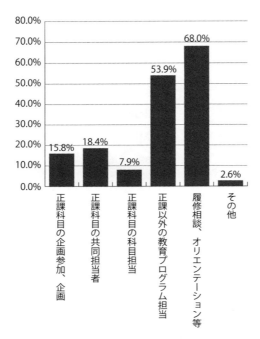

図終-3　職員による担当科目について
（職員が科目を担当している大学数の割合）

4　水田はこの厚い配置が日本にはないような学生サービスに要するものなのか、ある種の非効率を示すものなのかは、日本の大学運営と業務内容についての比較精査が必要だと述べている。

参考文献一覧

Abbott, A. (1988). "The System of Professions", *The System of Professions An Essay on the Division of Expert Labor,* The University of Chicago Press, 86-113.

ACPA, American College Personnel Association, ACUHO-I, Association of College and University Housing Officers-International, NACADA, National Academic Advising Association, NASPA, National Association of Student Personnel Administrators, and NIRSA, National Intramural Recreational Sports Association (2006), *Learning Reconsidered 2: Implementing a Campus-Wide Focus on the Student Experience*, ACPA : NASPA.

Barr B. R. and Tagg J. (1995). From Teaching to Learning -A New Paradigm for Undergraduate Education Retrieved December 20, 2011, from http://ilte.ius.edu/pdf/BarrTagg.pdf .

Bates, S. D. (2007). Career Advising: What Academic Advisers Need to Know, *The Mentor: An Academic Advising Journal* Retrieved August 18, 2011 from http://dus.psu.edu/mentor/old/articles/070725sb.htm.

Beatty, J. D. (1991). The National Academic Advising Association: A brief history, NACADA Journal 11(1), 5-25.

Beres, K. (2010). Delivery Systems: Workshops, Lectures, Panels, and Presentations, *Comprehensive Advisor Training and Development; Practices That Deliver 2nd Edition*, NACADA Monograph Series No. 21, 79-91.

Bresciani, M. J., Todd D. K. and et al (2010). *ACPA and NASPA Professional Competency Areas for Student Affairs Practitioners*, A Joint Publication of ACPA and NASPA .

Brown T. (2008). Critical Conception in Advisor Training and Development, In Gordon, V. N., Habley, W. R., Grites, T. J, and Associates, *Academic Advising A Comprehensive Handbook Second Edition*, Jossey-Bass, 309-322.

Campbell, S. and Nutt, C. (2010). *Pocket Guide Series: The Role of Academic Advising in Student Retention and Persistence*, NACADA: The Global Community for Academic Advising.

Carpenter, D. S. (2003). Professionalism, In Komives S. R. Woodard, Jr. D. B. & Associates, *Student Services A Handbook for the Profession 4th ed.*, Jossey-Bass, 579-592.

Carstense, D. J.; Silberhorn, C. (1979). A National Survey of Academic Advising Final Report, American College Testing, 1-13.

CAS Standards and Guidelines Retrieved July 25, 2009 from http://www.casact.org/standards/.

Chalmers, L.C. (2005). An Advising Administrator's Duty, Retrieved October 15, 2011, from http://www.nacada.ksu.edu/Clearinghouse/AdvisingIssues/Hiring.htm.

Coffin, C. M (2006), Academic Advising Through the Eyes of UCSC Undergraduate Retrieved December 10, 2010 from, http://advising.ucsc.edu/advisers/reports/docs/cuip2006.pdf.

Cook, S. A (1999). A Chronology of Academic Advising in America. *The Mentor: An*

Academic Advising Journal. Retrieved September 10, 2009 from http://www.psu.edu/dus/mentor/990528sc.htm.

Cook, S. A (2001). A Chronology of Academic Advising in America. *The Mentor: An Academic Advising Journal.* Retrieved September 10, 2009 from http://www.psu.edu/dus/ mentor /011015sc.htm.

Cook, S.A (2009). Important Events in the Development of Academic Advising in the United States, NACADA Journal Volume 29(2), Fall 2009, 18-40.

Creamer, E. G., & Scott, D. W. (2000). Assessing Individual Advisor Effectiveness, in V. N. Gordon, W. R. Habley, & Associates, *Academic advising: A comprehensive Handbook*, Jossey-Bass, 339-348.

Crockett, David S. (Ed.) (1987). *Advising Skills, Techniques and Resources: A Compilation of Materials Related to the Organization and Delivery of Advising Services.* ACT Corporation.

Crookston, B.B. (1994). A Developmental View of Academic Advising as Teaching NACADA Journal, 14(2), 5-9.

Cunningham, Leigh (Ed.) (2006), *Pocket Guide Series; What is Academic Advising ?*, NACADA.

Cuseo, J. (2000). Assessment of Academic Advisors and Academic Advising Programs Retrieved June 15, 2008 from http://www.advising.hawaii.edu/nacada/assessmentIG/pdf/Cuseo_Marymount1.pdf .

Cuseo, J. (2002). Academic Advisement and Student Retention: Empirical Connections & Systemic Interventions, Retrieved June 15, 2008 from http://www.uwc.edu/administration/academic-affairs/esfy/cuseo/Academic%20Advisement%20and%20Student%20Retention.doc.

Davis, K. J. (2003). Advisor Training and Development Workshops, in Miller M.A. (Ed.) *Advisor Training Exemplary Practices in the Development of Advisor Skills*, NACADA Monograph Series No. 9, 13-16.

Dean, L. A. (Ed.) (2009) CAS Professional Standards for Higher Education 7th Edition, Council for the Advancement of Standards in Higher Education.

Drake, J., Martha H., and Kathy S. (2009). *Pocket Guide Series; A Faculty Guide to Academic Advising*, NACADA: The Global Community for Academic Advising.

Edwards, T. S. (2007). Practice What We Preach: Advising and the Hiring Process, *Academic Advising Today*, Volume 30.

Epstein, R. M. & Hundert, E. M. (2002). Defining and Assessing Professional Competence, JAMA Vol. 287 No. 2 Retrieved October 15, 2011 from www.jama.com at UCSF/Library.

Farren, P., Vowell, F. (2000). Model Training Program, in Gordon, V. N., Habley, W. R, and Associates, *Academic Advising A Comprehensive Handbook*, Jossey-Bass, 308-323.

Fleming,W. J. B., Howard, K., Perkins, E., and Pesta, M. (2005). The College Environment: Factors Influencing Student Transition and Their Impact on Academic Advising, *The Mentor: An Academic Advising Journal*, 7(3), Retrieved August 8, 2010, from http://www.psu.eduldus/

mentor.

Fox, R.（2008）. Delivering One-to-One Advising; Skills and Competencies, In Gordon, V.N. Habley, W. R, Grites, T. J. and Associates, *Academic Advising A Comprehensive Handbook Second Ed.*, Jossey-Bass, 342-355.

Frank, K. S.（2000）. Ethical Considerations and Obligations In V. Gordon, W. Habley and Associations（Eds.）, *Academic advising: A comprehensive handbook*, Jossey-Bass, 44-57.

Freidson, E.（1994）. *Professionalism Reborn*, The University of Chicago Press

Freitag, D.（2011）. Freedom to Choose: Advisor Classifications and Internal Identities, Academic Advising Today, NACADA, Retrieved December, 12, 2011 from http://www.nacada.ksu.edu/AAT/NW34_1.htm#7.

Frost, S. H.（2000）.Historical and Philosophical Foundations for Academic Advising, In Gordon, V. N., Habley, W. R. and Associates(Eds.), *Academic Advising A Comprehensive Handbook*, Jossey-Bass, 3-17.

Gardner, D. P.（Chair）.（1983）. A Nation at Risk: The Imperative for Educational Reform A Report to the Nation and the Secretary of Education United States Department of Education.

Goetz, J. J.（2004）. Academic Advising. In F. J. D. MacKinnon & Associates（Eds.）, *Rentz's Student Affairs Practice in Higher Education, 3rd Ed.* Springfield, Charles C. Thomas, pp.89-107.

Gordon, N. V.（1992）. *Handbook of Academic Advising*, Greenwood Pub Group.

Gordon V.（1998）. New Horizons: Learning from the Past and Preparing for The Future. NACADA Journal, 18(2), Retrieved March 15, 2009, from http://www.nacada.ksu.edu /aboutnacada/beatty.pdf.

Gordon, V.（2003a）. Advisor Training and the Future, *Advisor Training Exemplary Practices in the Development of Advisor Skills*, NACADA.

Gordon, V.（2003b）. Advisor Certification: A History and Update, Academic Advising Today - Quarterly Newsletter Volume26, Number 3, September 2003.

Grites, Thomas J.（2000）. Using Assessment Instruments, In Gordon, V, Habley, W. R., and Associates(Eds.), *Academic Advising: A Comprehensive Handbook*, 258-256.

Habley, W.R.（1994）. Key Concepts in Academic Advising. In Summer Institute on Academic Advising Session Guide (p.10). National Academic Advising Association.

Habley, W. R.（1983）. Organizational Structures for Academic Advising: Models and Implications. *College Student Personnel*. 24(6). 535-540.

Habley, W. R.（2000）. Current Practices in Academic Advising, In Gordon, V.N., Habley, W. R. and Associates(Eds.), *Academic Advising A Comprehensive Handbook*, Jossey-Bass, 35-43.

Habley, W. R.（2004）. *The Status of Academic Advising*: Findings from the ACT sixth national survey. Manhattan, KS: National Academic Advising Association.

Habley, W.R.（2005）.Developing a mission statement for the academic advising program Retrieved April 10, 2011, from NACADA Clearinghouse of Academic Advising Resources

Web site: http://www.nacada.ksu.edu/clearinghouse/Advisingissues/Mission-Statements.htm.

Habley, W. R (2009). Academic Advising as a Field of Inquiry, NACADA Journal Volume 29(2), NACADA, 76-83.

Habley, W. R & Crockett, D.S (1988). Third ACT National Survey of Academic Advising, *The Status and Future of Academic Advising: Problems and Promise*, ACT National Center for the Advancement of Educational Practices.

Habley, W. R., & McCauley, M. E. (1987). The Relationship Between Institutional Characteristics and the Organization of Advising Services, NACADA Journal, 7 (1), 27-41.

Habley, W. R. and McClanahan R. (2004), *What Works in Student Retention? All Survey Colleges*, ACT.

Habley, W. R., & Morales, R. H. (1998). Advising Models: Goal Achievement and Program Effectiveness. NACADA Journal, 18 (1), 35-41 .

Hale, M. D. , Graham, D., Johnson D. M., (2009). Are students more satisfied with academic advising when there is congruence between current and preferred advising styles?," College Student Journal, June 2009, Retrieved October, 20, 2010 from http://findarticles.com/p/articles/mi_m0FCR/.

Hemwall, M. K. (2008). Advising Delivery: Faculty Advising, In Gordon, V. N., Habley, W. R., Grites, T. J, *Academic Advising A Comprehensive Handbook Second Edition*, Jossey-Bass, 253-266.

Hemwell, M. K. & Trachte, K(2005). Academic Advising as learning: 10 organizing principles, *NACADA Journal*, 25 (2) ,74-83.

Hasslbladh, H, Kallinikos, J (2000). The Project of Rationalization: A Critique and Reappraisal of Neo-Institutionalism in Organization Studies, *Organization Studies*, 697-720.

Higginson, L. C. (2000). A Framework for Training Program Content, In Gordon, V. N., Habley, W. R., and Associates, *Academic Advising A Comprehensive Handbook*, Jossey-Bass, 298-307.

Huebner, C. (2011). Building an Efficient and Innovative Office by Promoting Creativity. Retrieved May 20, 2011 from the NACADA Clearinghouse of Academic Advising Resources website: http://www.nacada.ksu.edu/Clearinghouse/AdvisingIssues/creativity.htm.

Kerr, T. J., (2000). Recognition and Reward for Excellence in Advising, In Gordon, V. N., Habley, W. R., and Associates(Eds.) *Academic Advising A Comprehensive Handbook*, Jossey-Bass, 349-362.

King, M. C. (2000). Designing Effective Training for Academic Advisor, In Gordon, V. N., Habley, W. R., and Associates(Eds.), *Academic Advising A Comprehensive Handbook*, Jossey-Bass, 289-297.

King, M. C & Kerr, T. J. (2005). Academic Advising, In Upcraft, M. L., Gardner, J. N., Barefoot, B. O. and Associates, *Challenging and Supporting the First-Year Student: A Handbook for Improving the First Year of College*, Jossey-Bass., 320-328.

King, M. C. (2008). Organization of Academic Advising Services, In Gordon, V. N., Habley, W. R., Grite, T. J, *Associates, Academic Advising A Comprehensive Handbook second Edition*, Jossey-Bass, 242-252.

Kramer, G. L. (1995). Redefining Faculty Roles for Academic Advising, In Kramer, G. L (Ed.), *Reaffirming the Role of Faculty in Academic Advising*, NACADA, 3-10.

Krush, J. M. & Winn, S. (2010). Professional Advisors and Faculty Advisors: A Shared Goal of Student Success, Academic Advising Today Vol. 33 No.4.

Kuhn, T. L. (2008). Historical Foundations of Academic Advising, In Gordon, V. N, Habley, W. R., Grites, T. J, *Academic Advising A Comprehensive Handbook Second Edition*, Jossey-Bass, 3-16.

Landon, P. A. (2007). Advising Ethics and Decisions, Retrieved November 28, 2011 from NACADA Clearinghouse of Academic Advising Resources Web site http://www.nacada.ksu.edu/Clearinghouse/AdvisingIssues/Advising-Ethics.htm.

Levine, A. (1981). *Handbook on Undergraduate Curriculum*, Jossey-Bass.

Love, P. (2003). Advising and Consultation, In Komives, S. R., Dudley, B. W. Jr. and Associates, *Student Services A Handbook for the Profession Forth Edition*, Jossey-Bass, 507-524.

Lowenstein, M. and Grites, T. J. (1993). Ethics in Academic Advising *NACADA Journal* Volume 13(1), 53-61.

Ludeman, R. B et al, (2010). *The role of student affairs and services in higher education A practical manual for developing, implementing and assessing student affairs programmes and services*, United Nations Educational, Scientific and Cultural Organization.

Lynch, M. L. (2000). Assessing the Effectiveness of the Advising Program, In Gordon, V. N., Habley, W. R., and Associates(Eds.), *Academic Advising A Comprehensive Handbook*, Jossey-Bass, 324-338.

Maki, P. L. (2002). Developing an assessment plan to learn about student learning. *Journal of Academic Librarianship*, 28 (1-2), 8-13. Retrieved December 15, 2011 from http://www.nacada.ksu.edu/Resources/Clearinghouse/View-Articles/Assessment-of-academic-advising.aspx#sthash.87MKzglr.dpuf.

Maki, P. L. (2004). *Assessing for Learning: Building a Sustainable Commitment Across the Institution*. Sterling VA: Stylus Publishing.

Martin, H. (2007). Constructing Learning Objectives for Academic Advising Retrieved September 26, 2011 from NACADA Clearinghouse of Academic Advising Resources Web site http://www.nacada.ksu.edu/clearinghouse/advisingissues/learning-outcomes.htm.

McCalla-Wriggins, B. (2000). Integrating Academic Advising and Career and Life Planning, In Gorodn, V. N., Habley, W. R, and Associates(Eds.), *Academic Advising A Comprehensive Handbook*, Jossey-Bass, 162-176.

McMahan A. B. (2008). How to Become an Academic Advisor. Retrieved May 4, 2011 from NACADA Clearinghouse of Academic Advising Resources Web site: http://www.nacada.

ksu.edu/Clearinghouse/AdvisingIssues/Become-Advisor.htm.

Melander, E.R. (2002) .The Meaning of Student-Centered Advising: Challenges to the Advising Learning Community, *The Mentor on November 27, 2002, by Penn State's Division of Undergraduate Studies,* Website http://dus:psu.edu/mentor/old/articles/021127em.htm.

Menezes, D. M. (2005), Advisors and Parents: Together Building Stronger Advising Relationships Retrieved August 3, 2011 http://www.nacada.ksu.edu/clearinghouse/advisingissues/Advisors-Parents.htm.

Miller, M. A. (2002).How to thrive, not just survive, as a new advisor. The Academic Advising News, 25(4). Retrieved June 24, 2014 from the NACADA Clearinghouse of Academic Advising Resources Web site [http://www.nacada.ksu.edu/Resources/Clearinghouse/View-Articles/How-to-Thrive--Not-Just-Survive--As-a-New-Advisor.aspx#sthash.dsooC2vy.dpuf]

Miller, M.A. (2003). A guide to Restructuring advising services. Retrieved April 25, 2011 from the NACADA Clearinghouse of Academic Advising Resources Web site: http://www.nacada.ksu.edu/Clearinghouse/AdvisingIssues/Restructure.htm.

Miller, M. and Albert, B. M. (2003). Assessing and Evaluating the Impact of Your Advisor Training and Development Program, Advisor *Training Exemplary Practices in the Development of Advisor Skills*, NACADA Monograph Series No. 9, 109-119.

Mitstifer, D. I. (Ed.) (2012) CAS Professional Standards for Higher Education 8th Edition, Council for the Advancement of Standards in Higher Education.

Montgomery, M. (2010). Confessions of a Bad Academic Adviser" The Chronicle Review August 8, 2010.

Myers, Brian E. and Dyer James E. (2003). Advising Components, Roles, and Perceived Level of Competence of University Faculty, *Journal of Southern Agricultural Education Research*, Volume 53, 247-261.

NACADA (2006), Pocket Guide Series; Academic Advising Delivery Models, NACADA.

NACADA (2008) Undergraduate Academic Advising Survey Retrieved June 25, 2009 from the NACADA Clearinghouse of Academic advising Resource Web site: http://www.nacada.ksu.edu/Portals/0/Clearinghouse/Research_Related/documents/Undergraduate%20academic%20advising%202008.pdf.

Nutt, C. L. (2003a). Academic advising and student retention and persistence December 15, 2011 from the NACADA Clearinghouse of Academic Advising Resources Web site: http://www.nacada.ksu.edu/Clearinghouse/AdvisingIssues/retention.htm.

Nutt, C. L. (2003 b). Creating Advisor-Training and Development Programs, , *Advisor Training Exemplary Practices in the Development of Advisor Skills*, NACADA Monograph Series No. 9, 9-11.

O' Banion, T. (1994). An Academic Advising Model, NACADA Journal 14(2), 10-16.

Pardee, C. F. (2004). Organizational structures for advising Retrieved June 24, 2011 from the

NACADA Clearinghouse of Academic Advising Resources Web site: http://www.nacada. ksu.edu/Clearinghouse/AdvisingIssues/org_models.htm.

Pryor, J. H., Eagan K. Blake, L. P., Hurtado, S., Berdan, J., Case M. H. (2012). *The American Freshman National Norms for Fall 2012*, Higher Education Research Institute Graduate School of Education & Information Studies University of California.

Ratcliff, J. L., John, D. K., La Nasa, S. M., Gaff, J. G. (2001). *The Status of General Education in the Year 2000: Summary of a National Survey*, Association of American Colleges and Universities.

Ripley, S. R. (1984). *Student Involvement in Learning: An Action Theory Analysis*. Paper presented at the annual Meeting of the Novthern Rockey Mountain Education Research Association.

Rosser, Vicki J. (2000). Midlevel Administrators: What We Know, *Understanding the Work and Career Paths of Midlevel Administrators*, Jossey-Bass.

Schuh, J. H. (2008). Assessing student learning In Gordon, V.N., Habley, W.R. & Grites, T. J. (Eds.). *Academic Advising: A Comprehensive Handbook (2nd edition)*, Jossey-Bass, 356-368.

Schulenberg, J. K. and Lindhorst, M. (2010). Reframing the Faculty vs. Professional Advising Debate: Underlying Assumptions, Historical Contexts, and Potential Solutions Paper presented at the 2010 NACADA Annual Conference, Orlando, FL.

Schützenmeister, F. (2010), University Research Management: An Exploratory Literature Review, *Institute of European Studies*, UC Berkeley.

Self, C. (2008). Advising Delivery: Professional Advisors, Counselors, and Other Staff, In Gordon, V. N., Habley, W. R., Grites, T. J, and Associates, *Academic Advising A Comprehensive Handbook (2ed Edition)*, Jossey-Bass, 267-278.

Shaffer, L. S., Zalewski, J. M., & Leveille, J. (2010). The professionalization of academic advising: Where are we in 2010, *NACADA Journal*, 30(1), 75-87.

Thelin, J. R. (2003). Historical Overview of American Higher Education In Komives, Woodard, and Associates (Eds.), *Student services: A handbook for the profession*, Jossey-Bass., 3-22.

Thurmond, K. C. & Miller, M. A. (2006). The History of National Academic Advising Association: An update. Retrieved September 15, 2011 from NACADA Clearinghouse of Academic Advising Resources Web site: http://www.nacada.ksu.edu/Clearinghouse/AdvisingIssues/NACADA-History.htm.

Thurmond, K. and Nutt, C. (2009). Pocket Guide Series; *Academic Advising Syllabus: Advising As Teaching in Action Second Edition*, NACADA.

Townsend, B. K., Wiese, M. D. (1991). The Higher Education Doctorate as a Passport to Higher Education Administration. *New Directions for Higher Education*, 19(4), 5–13.

Trabant, T.D. (2006). Advising Syllabus 101. Retrieved December 10, 2010 from NACADA Clearinghouse of Academic Advising Resources Web site: http://www.nacada.ksu.edu/Resources/Clearinghouse/View-Articles/Creating-an-Advising-Syllabus.aspx.

Tuttle, K. N. (2000). Academic Advising, In Johnsrud, L.K. & Rosser, V.J.(Eds.), *Understanding the Work and Career Paths of Midlevel Administrators*, Jossey-Bass, 15-24.

UNESCO (2002) The Role of Student Affairs and Services in Higher Education A Practical Manual for Developing, Implementing and Assessing Student Affairs Programmes and Services Retrieved September 15, 2010 from http://unesdoc.unesco.org/images/0012/001281/128118e.pdf.

U. S. Department of Education (2006) A Test of Leadership: Charting the Future of U. S. Higher Education (A Report of the Commission Appointed by Secretary of Education Margaret Spellings).

Whitchurch, C. (2008). Shifting Identities, Blurring Boundaries: The Changing Roles of Professional Mangers in Higher Education, Research & Occasional Paper Series, University of California, Berkeley, 1-9.

Whitchurch, C. (2009). The Rise of the Blended Professional in Higher Education; A Comparison between the UK, Australia and the United States, *Higher Education* (58) 3, 407-418.

White, E. R. (2000). Developing Mission, Goals, and Objectives for the Advising Program In Gordon, V. N., Habley, W. R., and Associates(Eds.), *Academic Advising Comprehensive Handbook*, 180-191.

White, E. R. (2006). Using CAS Standards for Self-Assessment and Improvement, Retrieved October 15, 2011 from the NACADA Clearinghouse of Academic Advising Resources Web site: http://www.nacada.ksu.edu/Clearinghouse/AdvisingIssues/CAS.htm.

Winston, R. B., Jr., Ender, S. C., Miller, T. K. and Grites, T. J. (Eds.), (1984) *Developmental Academic Advising: Addressing Students' Education, Career and Personal Needs*. Jossey-Bass.

阿部正昭(2009)「介護職の専門職化とその専門性」『コミュニティとソーシャルワーク』第3号, 24‐37頁。

青山佳代(2006)「アメリカ州立大学におけるインスティテューショナル・リサーチの機能に関する考察」『名古屋高等教育』第6号,113-130頁。

コリンズ, R. 新堀通也(監訳)大野雅敏、波平勇夫(1984)『資格社会－教育と改装の歴史社会学』有信堂。

大学評価・学位授与機構IR研究会翻訳(2011)『インスティチューショナル・リサーチ:高等教育における意思決定支援』。

江原武一(1994)『現代アメリカの大学 ポスト大衆化をめざして』玉川大学出版部。

江原武一(2003)「大学教員のみた日米の大学－90年代初頭」『京都大学大学院教育学研究科紀要』49, 69-91頁。

江原武一(2004)「学部教育改革の条件: アメリカ・モデルと日本」『京都大学大学院教育学研究科紀要』50, 22-47頁。

江原武一(2006a)「アメリカの学部教育の現状」『立命館高等教育研究』第6号, 53-70頁。

江原武一(2006b)「高等教育におけるグローバル化と市場化―アメリカを中心として―(公開シンポジウム報告 高等教育におけるグローバル化と市場化)」『比較教育

学研究』第32号，111-124頁．
江原武一（2009）「日本における大学評価の進展」『立命館高等教育研究』第9号，93-108頁．
羽田積男（2010）「学習成果を大学に求めるか　米国の認証評価に学ぶ」アルカディア学報 No.411　http://www.shidaikyo.or.jp/riihe/research/arcadia/0411.html　（2011.10.28アクセス）．
橋本鉱市（2009）『専門職養成の日本的構造』玉川大学出版部．
濱名篤（研究代表者）（2010），『学士課程教育のアウトカム評価とジェネリックスキルの育成に関する国際比較研究』平成19～21年度科学研究費補助金基盤研究（B）．
原清治（2008），「教育と労働のトランジションをめぐる問題―OECDデータからみた先進諸国の就業問題を中心に―」『佛教大学教育学部論集』第19号，93-107頁．
羽田貴史『高等教育ガバナンスにおける大学・専門職団体の機能に関する国際比較研究成果報告書：高等教育の市場化における大学団体の役割と課題』科学研究費補助金基盤研究（B）2005－2007年度．
保坂雅子（2000）「アメリカの大学におけるスタッフデベロップメント―student affairsを中心に―」修士論文．
保坂雅子（2001）「アメリカの学生担当職員養成教育の性格－標準化への取組みに見る－」『広島大学大学院教育学研究科紀要』第三部第50号，501-508頁．
飯吉弘子（2006）「産学連携に関する経済団体の提言―研究と人材育成の両面に注目して―」『国立教育政策研究所紀要』第135集、25-35頁．
石村善助『現代のプロフェッション』（1969）至誠堂．
金子忠史（1994）『変革期のアメリカ教育－大学編－』東信堂．
葛西敦子・大坪正一（2005）「看護職の専門職性を構成する概念」『弘前大学教育学部紀要』第93号，89-96頁．
加藤恭子（2011）「日米におけるコンピテンシー概念の生成と混乱」『産業経営プロジェクト報告書』日本大学産業経営研究所　1-23頁．
河本敏浩（2009）『名ばかり大学生　日本型教育制度の終焉』光文社新書
川嶋太津夫（2008）「ラーニング・アウトカムズを重視した大学教育改革の国際的動向と我が国への示唆」『名古屋高等教育研究』第8号，173-191頁．
絹川正吉（2006）『大学教育の思想－学士課程教育のデザイン－』東信堂．
喜多村和之（1996）『学生消費者の時代－バークレイの丘から－』玉川大学出版部．
喜多村和之（1999）『現代の大学・高等教育』玉川大学出版部．
小谷野康子（2000）「看護専門職の自律性に関する概念の検討と研究の動向」聖路加看護大学紀要（26），50-58頁．
松浦良充（1999）「「リベラル・エデュケイション」と「一般教育」－アメリカ大学・高等教育史の事例から－」『教育学研究』第66巻，417-426頁．
松尾知明（2006）「アメリカ合衆国の大学教育における学際化とカリキュラム改革－一般教育プログラムの学際化の動向を中心に－」『国立教育政策研究所紀要』第135集、155-162頁．

丸山和明(2011)「高校教員の専門職性と研修意識：東北地域における質問紙調査の分析から」福島大学総合教育研究センター紀要(11), 37-44頁。
宮下清(2001)『組織内プロフェッショナル』同友館。
水田健輔(2010)中央教育審議会大学規模・大学経営部会(2010年10月15日)レジュメ http://www.mext.go.jp/b_menu/shingi/chukyo/chukyo4/028/kondankai/__icsFiles/afieldfile/2010/11/04/1298502_2_1.pdf （2014年10月3日アクセス）
文部科学省(2008)「学士課程教育の構築に向けて(答申)図表(1)」
仲新(監修)寺﨑昌男，成田克矢(編)(1979)『学校の歴史第4巻　大学の歴史』第一法規出版。
中井俊樹・齊藤芳子(2007)「アメリカの専門職団体が描く学生担当職員像－学生担当職のための優れた実践の原則－」『名古屋高等教育研究』第7号, 169-185頁。
中野秀一郎(1981)『プロフェッションの社会学』木鐸社。
長尾周也(1980)「プロフェッショナリズムの研究(1) プロフェッションおよびプロフェッショナル」『大阪府立大學經濟研究』25 (1) ,18 - 49頁。
日本学生支援機構(2011)『「大学、短期大学、高等専門学校における学生支援の取組み状況に関する調査(平成22年度)」集計報告(単純集計)』http://www.jasso.go.jp/gakusei_plan/documents/torikumi_chousa.pdf(2014年5月8日アクセス)
野本百合子(2008)「看護の専門職性に関する研究の動向と課題－2002年から2007年に発表された海外の研究に焦点を当てて－」『愛媛県立医療技術大学紀要』第5巻第1号, 1-7頁。
OECD (2011)『図表でみる教育　OECDインディケータ(2011版)』明石書店
大場淳編(2009)『大学職員の開発－専門職化をめぐって－』広島大学高等教育研究開発センター。
大場淳(2011)「国際交流担当職員の育成―専門性をめぐって―」日本学生支援機構『留学生交流』。http://www.jasso.go.jp/about/documents/junoba.pdf.(2013年10月4日アクセス)
小貫有紀子(2008)「米国学生支援における学生担当職の専門性と専門職団体」大学と学生(49)，54-61頁。
ルドルフ・F(阿部美哉・阿部温子訳)(2003)『アメリカ大学史』玉川大学出版部。
関昭典(2011)「学習アドバイザーの学習支援活動に関する考察－東京経済大学英語学習アドバイザーにおける取組みを事例として－」東京経済大学人文自然科学論集第130号, 95-106頁。
清水栄子(2009)「大学における学習助言活動の「評価」の重要性について－アメリカ13大学の学習助言(Academic Advising)プログラム評価を手がかりにして－」『大学教育学会誌』第31巻第2号, 140-148頁。
清水栄子(2010)「アメリカにおける学習助言(Academic Advising)の発展とその背景：実践主体とそれを支える組織を手がかりとして」広島大学高等教育研究開発センター『大学論集』第41号, 361-375頁。

清水栄子(2011)「役割を明確にした教職協働を考える－アメリカにおけるAcademic Advisingを手がかりに－」大学教育学会課題研究2008年度-2010年度『SDの新たな地平―『大学人』能力開発に向けて最終報告書』51-59頁。

清水栄子(2014)「学習支援における学習成果の可能性－米国の学習助言(アカデミック・アドバイジング)の事例から」(第20回大学教育研究フォーラム発表資料)

白旗希実子(2011)『介護職の誕生』東北大学出版会。

白井千晶(1999)「医療化に対する専門職化分析の意義－20世紀アメリカにおけるナース・ミッドワイフの場合－」『早稲田大学大学院文学研究科紀要』第1分冊(45), 77-85頁。

白石裕子(2000)「看護職の「専門職性」に関する一考察」『香川県立医療短期大学紀要』第2巻, 143-151頁。

スウィング, ランディ. L., 山田礼子(訳)(2005)「米国の高等教育におけるIRの射程, 発展, 文脈」『大学評価・学位研究』第3号, 大学評価・学位授与機構, 23-30頁。

杉谷祐美子(2000)「学士課程教育に対するニーズと近年の教育改革」『学習者のニーズに対応するアメリカの挑戦』教育開発研究所, 195-218頁。

田尾雅夫(1983)「プロフェッショナリズムにおける態度構造の比較構造」『京都府立大学学術報告』35, 159-172頁。

滝下幸栄、岩脇洋子、松岡和子(2011)「専門職としての看護の現状と課題」『京都府立医科大学雑誌』120(6), 437-444頁。

田中義郎(1990)「アメリカの大学における専門職教育の現状」『比較教育学研究』第16号, 51-63頁。

谷川裕稔(代表編集)・長尾佳代子・壁谷一広・中園篤典・堤裕之(編)(2012)『学士力を支える学修支援の方法論』ナカニシヤ出版

寺崎昌男(2002)『大学教育の可能性』東信堂

坪井啓太、伊藤博美(2010)「職員による学生個別の履修指導－教職協働を観点とした提案－」『大学行政管理学会誌』第13号, 195-202頁。

東京大学(2008)『大学の資金調達・運用に関わる学内ルール・学内体制等のあり方に関する調査研究報告書(平成19－20年度文部科学省先導的大学改革推進委託事業)』

梅根悟(監修)宇佐美寛〔等〕著(1975)『世界教育史大系18アメリカ教育史2』講談社。

潮木守一(1993)『アメリカの大学』講談社。

潮木守一(2004)『世界の大学危機』中公新書。

ワース, M. J. / アスプⅡ, J. W. (1997)『大学開発の担い手』(山田礼子訳)玉川大学出版部。

山田正喜子(1977)『アメリカのビジネス・エリート　競争社会の栄光と孤独』日経新書。

山田正喜子(1979)『アメリカのプロフェッショナル　高度産業社会のエリート群像』日経新書。

山田礼子(1998)『プロフェッショナルスクール―アメリカの専門職養成』玉川大学出

版部。

山田礼子(2004)「プロフェッショナル化する社会と人材―経営人材のプロフェッショナル化と教育―」日本高等教育学会編『高等教育研究第7集　プロフェッショナル化と大学』玉川大学出版部, 23-47頁。

山田礼子(2005)『一年次(導入)教育の日米比較』東信堂。

山田礼子(監訳)(2007)『初年次教育ハンドブック―学生を「成功」に導くために―』丸善。

山本眞一(2007)「大学事務職員の能力開発―より良い大学経営のために―」広島大学高等教育研究開発センター『大学論集』第39集, 1-14頁。

山本眞一(2009)「変容する大学とこれからの職員」日本高等教育学会編『高等教育研究第12集』95-112頁。

横山孝子(2009)「生活支援専門職としての専門職性の再構築(第Ⅰ報)―介護支援専門員養成研修事業の課題―」『社会関係研究』第14巻第2号, 1‐38頁。

吉村治正(1992)「プロフェッション論の変容と展開―社会変動論との関連を念頭に―」慶応義塾大学大学院社会学研究科紀要 (35), 45-53頁。

あとがき

　本書は、筆者が2012年に広島大学大学院教育学研究科に提出した博士学位請求論文(『アメリカにおけるAcademic Advising制度に関する分析－その存在の今日的意義－』)に大幅な修訂を加えたものである。

　本研究では、アカデミック・アドバイジングとはどういう制度であるかを明らかにすることに先ず注力した。具体的には、歴史的な変遷を押さえることで、なぜアメリカでこの制度が求められ、現在まで機能拡大がなされてきたのかを追究した。次に、現代の実践について、ミッション、組織、実践者の機能的側面および学習成果設定と評価について、先行研究を整理し、訪問調査を行うことで現状と課題の解明に努めた。

　そもそも筆者がこの制度の調査研究に取り組んだ動機は、日本の学生たちの学びの促進に向けた支援の必要性を感じたからである。わが国では、学生の学習意欲の低下、学習時間の減少が課題とされる中、いかにして学生たちの主体的な学びを促進させるのかが、喫緊の課題と捉えられている。そのため、調査・分析による学生の学習実態の把握、アクティブ・ラーニング等の新たな手法を取り入れた授業・教育改善、ラーニング・コモンズに代表されるよりよい学習環境の提供等、様々な方策が取られている。筆者は、最初、大学職員として学生に関わった。そこでは、学生たちは、何らかのヒントを与えられれば積極的に問題に向き合うことができ、学習・研究の伸長の可能性は計り知れない、と感じる経験は少なくなかった。そして、次第に学生たちに"学びの喜び"、自身が決定することによる喜びを感じてほしいという想いが強くなった。学生による学びの成功を支援するために、職員として何が

提供できるのかという自問が、この課題に向き合う出発点であった。

　この課題意識から、桜美林大学大学院修士課程（アドミニストレーション専攻）に、職務を持ちながら進学した。アメリカの教育制度に目を向けるようになったのは、修士課程において、指導教授の寺﨑昌男先生から、初年次教育（First Experiences）についてご紹介いただいたことがきっかけであった。当時、筆者は勤務校の安田女子大学で新入生オリエンテーションセミナーに携わっており、その効果を実感していた。日本において"初年次教育"が取り入られるようになり、定着しはじめた頃である。そこで、日米の初年次教育を主に取り上げ、学習支援に関する効果と現状について修士論文としてまとめた（2007年）。その後研究を進める中で、学びの促進のためには、初年次学生だけでなく全学生に対する支援の必要性を感じるようになった。ただし、その支援は一方向的なサービスではなく、学生自身が主体的に学習に向き合うという学生の自律性を担保する支援でありたいという点は譲れないところであった。そのような観点に沿った支援こそが、アメリカで実践されているアカデミック・アドバイジングであった。筆者がその一番の特徴と考えるのは、学生が自身の意思決定に責任を負っている点である。教員や専任アドバイザーは必要と考えられる情報や助言の提供はするが、最終的に判断を下すのは学生本人であるということ、さらにアドバイジング実践者と学生双方が責務を担っているという制度に、日本における学習支援へのヒントとしての魅力を感じたのである。

　わが国においても、教職員による学生の主体的な学習への支援という新たな取組みが必要とされており、各大学で様々な取り組みがなされているところである。本研究でそのすべてを網羅しているとは言えないが、日本において学習支援に携わっている方々に、何らかのヒントを提供できれば幸いである。

　その後、進学した広島大学大学院教育学研究科では、山本眞一先生（元広島大学、現桜美林大学）に指導教員をお願いすることとなった。山本先生は、米

国高等教育制度という広い観点からアカデミック・アドバイジングを捉えるようにご指導いただいた。米国の高等教育の中でなぜこの制度が機能拡大してきたのか、教育社会学的な視点からアドバイスをいただくことにより、実践面を注視してしまいがちな視野を大きく広げていただいたことに、感謝申し上げたい。

大場淳先生(広島大学)には、米国のみならず英国等における様々な文献の紹介をしていただいた上、文献読解に関して大変丁寧にご指導をいただいた。さらに学位論文の提出までに、時に厳しく時に優しくご指導いただきながら、研究に対する真摯な姿勢についても学ばせていただいた。これまでのさまざまなアドバイスやご支援に感謝申し上げたい。

修士時代から継続的にご指導いただいている寺﨑昌男先生(東京大学・立教大学名誉教授)には、研究に対する考え方、取組み姿勢、文献への取組み方、様々な場面での作法等、数え切れないご指導をいただいた。研究に行き詰まり折れそうになる私を幾度も励ましていただく中で、今日を迎えることができたのである。感謝は計り知れない。

桜美林大学修士課程および広島大学大学院教育学研究科の恩師、先輩、院生の皆さま、事務局の皆さまの温かいバックアップに感謝申し上げたい。

これまでの勤務先である安田女子大学、公立大学協会、阿南高専の上司や同僚の皆さまには、業務と学業の両立で苦しんでいるときに、励ましの言葉や理解を頂いた。感謝はひとときも忘れることはない。現職場である愛媛大学においては、研究と実践における様々な助言、研究と融合した実践機会の提供、また、業務に流されることなく継続的に研究を行っていくよう常に配慮いただいた小林直人先生、山田剛史先生(現京都大学)、中井俊樹先生や同僚・スタッフに感謝申し上げたい。

研究面において、刺激や声援を送って下さった大学教育学会の課題研究グループメンバーの佐々木一也先生(立教大学)、秦敬治先生(追手門学院大学)、今田晶子氏(立教大学)、本郷優紀子氏(桜美林大学)、また、アメリカにおけるアカデミック・アドバイジングについて大変親切かつ丁寧にご教示頂いた山

﨑めぐみ先生(創価大学)、島田敬久氏(テンプル大学)、さらに訪問調査に応じて下さったアメリカの4大学およびNACADAの関係者の方々にもお礼を申し上げたい。

　初めての出版で戸惑うことも多い中、原稿作成に際して、様々なアドバイスと励ましを頂いた東信堂の下田勝司社長そして二宮侑紀氏にもお礼を申し上げたい。

　最後に、様々な場面で惜しみなくサポートをしてくれた家族にも心から感謝をしている。

　　　2015年　11月　　　　　　　　　　　　　　　　　　　　　清水栄子

事項索引

アルファベット

ACPA（アメリカ大学学生担当者協会） ······················· 9, 127, 166
ACT（全米カレッジテスト）による調査 ············ 7, 13, 41, 63, 65, 68, 73, 165
CAS（高等教育規準推進協議会） ·························· 47, 49, 50, 120
CASE（教育振興支援協会） ···································· 119, 123
Chronicle of Higher Education (Chronicle) ························ 130, 146
CIRP（共同大学調査研究プログラム）新入生調査 ······················· 6
GPA ·· 9, 61, 76, 107
IR (institutional research 機関調査) ································ 112, 116
NACADA（全国アカデミック・アドバイジング協会）
 ······························· 11, 38, 57, 111, 124, 151-158, 166
NACUBO（全米大学経営管理者協会） ································· 119
NASPA（全国学生担当管理職員協会） ························· 9, 127, 166
SPPV（学生助育） ·· 32
UNESCO ·· 52

ア行

アカウンタビリティ ··· 37, 45, 54,
アカデミック・アドバイジング (academic advising) ······················· 3
アカデミック・アドバイジングの
 ──概念 ·· 48
 ──学習成果 (learning outcomes) ································ 48
 ──カリキュラム (curriculum) ···································· 48
 ──教授法 (pedagogy) ·· 48
 ──研修の3要素（概念、関係、情報） ························ 118, 153
 ──調整人材 ·· 67
 ──評価 ·· 46, 75, 107
 ──目的 ·· 52
アカデミック・アドバイジングの組織
 ──教員中心モデル ··································· 69, 70, 73, 165
 ──構造（分散、関係、情報） ··························· 70, 73, 77
 ──サテライトモデル ····································· 70, 73, 165
 ──自己完結モデル ··································· 69, 70, 73, 165
 ──総合受入モデル ··································· 69, 70, 73, 165

――二重モデル ……………………………………………… 70, 73, 165
――分担モデル ……………………………………………… 70, 73, 165
――補完モデル ……………………………………………… 70, 73, 165
アドバイジング実践者 …………………………………………… 9, 64
アドバイジング・シラバス (academic advising syllabus) …………… 58, 59
アドバイジング・センター ………………………… 16, 41, 63, 64, 65, 165
ウェスタン・イリノイ大学 …………………………… 17, 83, 100-103, 104
ウォーク・イン …………………………………………………… 88
オーベリン大学 ………………………………………………… 28, 31, 34
親代わり (in loco parentis) ……………………………………… 26

カ行

カウンセラー ……………………………………………… 8, 34, 44, 124
学科におけるアカデミック・アドバイジング ………… 9, 65, 94, 97, 165
カーネギー大学分類 ……………………………………………… 82, 132
学習支援 (Learning Support) ……………………………………… 10, 21
学習者中心 ………………………………………………………… 60
学習成果 (Learning Outcome) …………………… 55, 57, 60, 61, 75, 107
『学習の再考』(Learning Reconsidered) ………………………………… 55
学習パラダイム …………………………………………………… 4
学生指導 ………………………………………………………… 135
学生ピア・アドバイザー ………………………………… 8, 65, 66, 92
可能的専門職 ……………………………………………………… 110
カリキュラム改革 ………………………………………………… 33, 43
カリフォルニア大学サンディエゴ校 ………………… 17, 82, 84-90, 104
カリフォルニア大学バークレー校 …………………… 17, 82, 90-96, 104
カンザス州立大学 …………………………………………… 147, 149
『危機に立つ国家』(A Nation at Risk) ……………………………… 5, 36
教員 …………… 8, 30, 40, 44, 65, 66, 72, 95, 96, 101, 106, 113, 124, 133, 144, 147
教授パラダイム …………………………………………………… 4
ケニヨン大学 ……………………………………………………… 28
研修 …………………………………………………… 89, 93, 96, 99, 105
個人面談 ……………………………………………………… 9, 87, 88
コロラド大学ボルダー校 ………………………… 17, 83, 96-99, 104
コンピテンシー ……………………………………………… 111, 126

サ行

在籍継続率 ·· 43, 75
採用条件 ·· 132, 143, 146, 148
市場化 ··· 4, 164
質保証 ·· 43
事務手続き ··· 92, 105
準専門職 ···110
情報提供 ·· 87, 92, 105, 163
将来設計 (Career Design) ··· 10
職務記述書 (Job Description) ···130
処方的アカデミック・アドバイジング ································ 38
ジョンズ・ホプキンス大学 ·· 29, 31
新専門職 ···110
進路 (キャリア) ·· 95
スペリングス委員会報告 ···································· 5, 36, 76
スミス大学 ·· 34
正課カリキュラム ··· 48
正課併行活動 (Co-Curricular Activities) ························· 48
説明責任 ··· 25, 36
専門課程選択 (major) ·· 41
専門課程選択前 (pre-major) ··· 41
専門職 ·· 110, 111, 112, 114, 116
専門職性 ··························· 111, 113, 115, 116, 145, 166
専門職団体 ············· 114, 119, 123, 124, 127, 141, 145
専門性 ········· 14, 111, 126, 128, 130, 143, 144, 153
専門的基準 (professional standards) ······························ 47
専門分野 ··138
相談窓口 ··· 97
卒業率 ·· 43, 75, 76
専任アドバイザー··· 8, 34, 40, 44, 65, 66, 72, 88, 92, 95, 96, 101, 106, 113, 124, 133, 144, 147
専任アドバイザー補 ·· 88

タ行

第1世代の学生 ·· 3, 32
ディベロップメント・オフィサー ··························· 116, 122
伝統的専門職 ··· 17, 110, 114

ナ行

能力開発……………………………………………………………………151

ハ行

発達的視点に立つアカデミック・アドバイジング（Development Academic Advising）
　………………………………………………………………………12, 38
パラダイム・シフト………………………………………………………4
ハーバード・カレッジ……………………………………………25, 26
ハーバード大学……………………………………………………27, 31
非伝統的な学生……………………………………………32, 36, 37
評価指標……………………………………………………………………61
本質的価値（Core Value）…………………………………………53, 121

マ行

ミッション……………………………47, 49, 52, 53, 85, 91, 101, 103
ミレニアム世代……………………………………………………………42
モリル法……………………………………………………………………28

ヤ行

役割分担（住み分け）…………………………………………………164

ラ行

ランドグラント大学………………………………………………………29
『リーダーシップが試されるとき－米国高等教育の将来像』（A Test of Leadership
　Chartering the Future of the U. S. Higher Education）……………5
履修状況……………………………………………………87, 94, 165
履修相談……………………………………………………………43, 97
履修手続き………………………………………………95, 105, 134

人名索引

アボット	(A. Abbott)	46, 78, 106
ヴァウエル	(F. Vowell)	126
ウィンストン	(R. B. Winston)	40
エンダー	(S. C. Ender)	40
オバニオン	(T. O' Banion)	39, 126
カリニコス	(J. Kallinikos)	46, 74
キング	(M. C. King)	69-71, 165
グライツ	(T. J. Grites)	40
クロケット	(D. S. Crockett)	129
クロックストン	(B. B. Crookston)	39
ゴエッツ	(J. J. Goetz)	126
ゴードン	(V. Gordon)	126
チャルマース	(L.C. Chalmers)	126
ナット	(C. L. Nutt)	69
ハッセルブラッド	(H. Hasselbladh)	46, 74
パーディー	(C. F. Pardee)	68, 70, 71
ハブリー	(W. R. Habley)	53, 68, 70, 71, 119, 145
ファレン	(P. Farren)	126
ホウィットチャーチ	(C. Whitchurch)	112, 115, 118
ホワイト	(E. R. White)	48, 49
マクマハン	(A. B. McMahan)	126, 166
マコーリ	(M. E. McCauley)	68, 70, 71
マーティン	(H. Martin)	60, 61, 74
ミラー	(M. A. Miller)	40, 126
モラリス	(R. H. Morales)	13

著者紹介

清水　栄子（しみず　えいこ）
1965年生。
【現　　　職】愛媛大学教育・学生支援機構教育企画室　講師
【最終学歴】2012年　広島大学大学院教育学研究科　教育人間科学専攻博士課程後期修了　博士（教育学）

【主要論文】
「アメリカ大学紹介雑誌にみる初年次教育の取り扱いについて－FISKE Guide to Collegesを中心に－」『大学行政管理学会誌第10号』(2007)
「大学における学習助言活動の「評価」の重要性について－アメリカ13大学の学習助言(Academic Advising)プログラム評価を手がかりにして－」『大学教育学会誌』第31巻第2号（通巻第60号）(2008)
「アメリカにおける学習助言(Academic Advising)の発展とその背景－実践主体とそれを支える組織を手がかりとして－」『大学論集第41集』（広島大学高等教育研究開発センター）(2009)　ほか

アカデミック・アドバイジング　その専門性と実践
──日本の大学へのアメリカの示唆

2015年11月10日　初版　第1刷発行

〔検印省略〕
定価はカバーに表示してあります。

著者 © 清水栄子／発行者　下田勝司
印刷・製本／中央精版印刷

東京都文京区向丘1-20-6　郵便振替00110-6-37828
〒113-0023　TEL (03) 3818-5521　FAX (03) 3818-5514

発行所　株式会社　東信堂

Published by TOSHINDO PUBLISHING CO., LTD.
1-20-6, Mukougaoka, Bunkyo-ku, Tokyo, 113-0023, Japan
E-mail : tk203444@fsinet.or.jp　http://www.toshindo-pub.com

ISBN978-4-7989-1303-2 C3037　© EIKO, Shimizu

東信堂

転換期を読み解く――潮木守一時評・書評集	潮木守一	二六〇〇円
大学再生への具体像（第2版）	潮木守一	二四〇〇円
フンボルト理念の終焉？――現代大学の新次元	潮木守一	二五〇〇円
いくさの響きを聞きながら――横須賀そしてベルリン	潮木守一	二四〇〇円
「大学の死」、そして復活	潮木守一	二八〇〇円
大学教育の思想――学士課程教育のデザイン	絹川正吉	二八〇〇円
国立大学法人の形成	大崎仁	二六〇〇円
国立大学・法人化の行方――自立と格差のはざまで	天野郁夫	三六〇〇円
大学は社会の希望か――大学改革の実態からその先を読む	江原武一	二六〇〇円
転換期日本の大学改革――アメリカと日本	江原武一	三六〇〇円
大学の管理運営改革――日本の行方と諸外国の動向	江原武一編著 杉本均	三六〇〇円
新自由主義大学改革――国際機関と各国の動向	細井克彦編集代表	三八〇〇円
新興国家の世界水準大学戦略――世界水準をめざすアジア・中南米と日本	米澤彰純監訳	四八〇〇円
東京帝国大学の真実	舘昭	四六〇〇円
日本近代大学形成の検証と洞察	舘昭	二〇〇〇円
原理・原則を踏まえた大学改革を――場当たり策からの脱却こそグローバル化の条件	舘昭	一〇〇〇円
改めて「大学制度とは何か」を問う	舘昭	三八〇〇円
原点に立ち返っての大学改革	D・ケネディ著 井ノ上比呂子訳	三〇〇〇円
大学の責務	立川明・坂本辰朗 丸山文裕	三三〇〇円
大学の財政と経営		
私立大学マネジメント	(社)私立大学連盟編	四七〇〇円
私立大学の経営と拡大・再編――一九八〇年代後半以降の動態	両角亜希子	四二〇〇円
大学事務職員のための高等教育システム論（新版）――より良い大学経営専門職となるために	山本眞一	一六〇〇円
高等教育における職学委員制度の研究――認証評価制度のルーツを探る	林透	三八〇〇円
戦後日本産業界の大学教育要求――経済団体の教育言説と現代の教養論	飯吉弘子	五四〇〇円
イギリスの大学――対位線の転移による質的転換	秦由美子	五八〇〇円

〒113-0023　東京都文京区向丘1-20-6　TEL 03-3818-5521　FAX 03-3818-5514　振替 00110-6-37828
Email tk203444@fsinet.or.jp　URL:http://www.toshindo-pub.com/

※定価：表示価格（本体）＋税

東信堂

大学の自己変革とオートノミー ―点検から創造へ	寺﨑昌男	二五〇〇円
大学教育の創造 ―歴史・システム・カリキュラム	寺﨑昌男	二八〇〇円
大学教育の可能性 ―教養教育・評価・実践	寺﨑昌男	二五〇〇円
大学は歴史の思想で変わる ―FD・評価・私学	寺﨑昌男	二八〇〇円
大学改革 その先を読む	寺﨑昌男	二三〇〇円
大学自らの総合力 ―理念とFD そしてSD	寺﨑昌男	二〇〇〇円
大学自らの総合力Ⅱ ―大学再生への構想力	寺﨑昌男	二四〇〇円
アウトカムに基づく大学教育の質保証 ―チューニングとアセスメントにみる世界の動向	深堀聰子 編	三六〇〇円
高等教育質保証の国際比較	杉本和弘/米澤彰純/羽田貴史 編	三二〇〇円
学士課程教育の質保証へむけて ―学生調査と初年次教育からみえてきたもの	山田礼子	一八〇〇円
主体的学び 創刊号	主体的学び研究所編	一六〇〇円
主体的学び 2号	主体的学び研究所編	一六〇〇円
主体的学び 3号	主体的学び研究所編	一〇〇〇円
「主体的学び」につなげる評価と学習方法 ―カナダで実践されるICEモデル	S・ヤング&R・ウィルソン著 土持ゲーリー法一監訳	二五〇〇円
ポートフォリオが日本の大学を変える ―ティーチング/ラーニング/アカデミック・ポートフォリオの活用	土持ゲーリー法一	二五〇〇円
ティーチング・ポートフォリオ ―授業改善の秘訣	土持ゲーリー法一	二五〇〇円
ラーニング・ポートフォリオ ―学習改善の秘訣	土持ゲーリー法一	二五〇〇円
アクティブラーニングと教授学習パラダイムの転換	溝上慎一	二四〇〇円
大学生の学習ダイナミクス ―授業内外のラーニング・ブリッジング	河井亨	四五〇〇円
アカデミック・アドバイジング その専門性と実践 ―日本の大学へのアメリカの示唆	清水栄子	二四〇〇円
「学び」の質を保証するアクティブラーニング ―3年間の全国大学調査から	河合塾編著	二〇〇〇円
「深い学び」につながるアクティブラーニング ―全国大学の学科調査報告とカリキュラム設計の課題	河合塾編著	二八〇〇円
アクティブラーニングでなぜ学生が成長するのか ―経済系・工学系の全国大学調査からみえてきたこと	河合塾編著	二八〇〇円
初年次教育でなぜ学生が成長するのか ―全国大学調査からみえてきたこと	河合塾編著	二八〇〇円

〒113-0023 東京都文京区向丘1-20-6　TEL 03-3818-5521　FAX 03-3818-5514　振替 00110-6-37828
Email tk203444@fsinet.or.jp　URL:http://www.toshindo-pub.com/

※定価：表示価格（本体）＋税

東信堂

書名	編著者	価格
現代アメリカの教育アセスメント行政の展開――マサチューセッツ州（MCASテスト）を中心に	北野秋男 編	四八〇〇円
アメリカ公民教育におけるサービス・ラーニング	唐木清志	四六〇〇円
[増補版]現代アメリカにおける学力形成論の展開――スタンダードに基づくカリキュラムの設計	石井英真	四六〇〇円
ハーバード・プロジェクト・ゼロの芸術認知理論とその実践――内なる知性とクリエティビティを育むハワード・ガードナーの教育戦略	池内慈朗	六五〇〇円
アメリカにおける学校認証評価の現代的展開	浜田博文 編著	二八〇〇円
アメリカにおける多文化的歴史カリキュラム	桐谷正信	三六〇〇円
EUにおける中国系移民の教育エスノグラフィ	山本須美子	四五〇〇円
社会形成力育成カリキュラムの研究	西村公孝	六五〇〇円
現代ドイツ政治・社会学習論――「事実教授」の展開過程の分析	大友秀明	五二〇〇円
現代教育制度改革への提言 上・下	日本教育制度学会編	各二八〇〇円
現代日本の教育課題――二一世紀の方向性を探る	村田翼夫・山口満 編著	二八〇〇円
バイリンガルテキスト現代日本の教育	村田翼夫 編著	三八〇〇円
日本の教育経験――途上国の教育開発を考える	国際協力機構編著	二八〇〇円
君は自分と通話できるケータイを持っているか	小西正雄	二〇〇〇円
教育の共生体へ――ボディエデュケーショナルの思想圏	田中智志 編	三五〇〇円
学びを支える活動へ――存在論の深みから	田中智志 編著	二〇〇〇円
グローバルな学びへ――協同と刷新の教育	田中智志 編著	二〇〇〇円
教育文化人間論――知の逍遙/論の越境	田中智志 編著	二四〇〇円
「現代の諸課題と学校教育講義」	小西正雄	二〇〇〇円
人格形成概念の誕生――近代アメリカの教育概念史	田中智志	三六〇〇円
社会性概念の構築――アメリカ進歩主義教育の概念史	田中智志	三八〇〇円
アメリカ 間違いがまかり通っている時代――公立学校の企業型改革への批判と解決法	D・ラヴィッチ著 末藤美津子訳	三八〇〇円
教育による社会的正義の実現――アメリカの挑戦（1945-1980）	D・ラヴィッチ著 末藤美津子訳	五六〇〇円
学校改革抗争の100年――20世紀アメリカ教育史	D・ラヴィッチ著 末藤・宮本・佐藤訳	六四〇〇円

〒113-0023　東京都文京区向丘1-20-6　TEL 03-3818-5521　FAX 03-3818-5514　振替 00110-6-37828
Email tk203444@fsinet.or.jp　URL:http://www.toshindo-pub.com/

※定価：表示価格（本体）＋税

東信堂

未曾有の国難に教育は応えられるか——「じひょう」と教育研究六〇年	新堀通也	三三〇〇円
新堀通也、その仕事——新堀通也先生追悼集刊行委員会編	新堀通也先生追悼集刊行委員会編	三六〇〇円
ポストドクター——若手研究者養成の現状と課題	北野秋男編著	二八〇〇円
日本のティーチング・アシスタント制度——大学教育の改善と人的資源の活用	北野秋男	三六〇〇円
「再」取得学歴を問う——専門職大学院の教育と学習	吉田 文編著	二八〇〇円
航行を始めた専門職大学院	橋本鉱市	二六〇〇円
学級規模と指導方法の社会学——実態と教育効果	山崎博敏	二二〇〇円
夢追い形進路形成の功罪——高校改革の社会学	荒川 葉	二八〇〇円
進路形成に対する「在り方生き方指導」の功罪——高校進路指導の社会学	望月由起	三六〇〇円
教育から職業へのトランジション——若者の就労と進路職業選択の社会学	山内乾史編著	二六〇〇円
教育と不平等の社会理論——再生産論をこえて	小内 透	三三〇〇円
《シリーズ 日本の教育を問いなおす》		
拡大する社会格差に挑む教育	西村和雄・大森不二雄・倉元直樹・木村拓也編	二四〇〇円
混迷する評価の時代——教育評価を根底から問う	西村和雄・大森不二雄・倉元直樹・木村拓也編	二四〇〇円
教育における評価とモラル	西瀬信之編	二四〇〇円
《大転換期と教育社会構造：地域社会変革の社会論的考察》		
第1巻 教育社会史——日本とイタリアと	小林甫	七八〇〇円
第2巻 現代的教養Ⅰ——生活者生涯学習の地域的展開	小林甫	六八〇〇円
第3巻 現代的教養Ⅱ——技術者生涯学習の生成と展望	小林甫	六八〇〇円
第3巻 学習力変革——地域自治と社会構築	小林甫	近刊
第4巻 社会共生力——東アジアと成人学習	小林甫	近刊

〒113-0023 東京都文京区向丘1-20-6　TEL 03-3818-5521　FAX03-3818-5514　振替 00110-6-37828
Email tk203444@fsinet.or.jp　URL:http://www.toshindo-pub.com/

※定価：表示価格（本体）＋税

東信堂

比較教育学事典	日本比較教育学会編	一二〇〇〇円
比較教育学の地平を拓く	森山肖子編著	四六〇〇円
比較教育学――越境のレッスン	馬越徹	三六〇〇円
比較教育学――伝統・挑戦・新しいパラダイム	M.ブレイ編著 馬越徹・大塚豊監訳	三八〇〇円
国際教育開発の研究射程――「持続可能な社会」のための比較教育学の最前線	北村友人著	二八〇〇円
国際教育開発の再検討――途上国の基礎教育普及に向けて	西川啓人・小川啓一・北村友人編著	二四〇〇円
発展途上国の保育と国際協力	浜野隆・三輪千明編著	三八〇〇円
トランスナショナル高等教育の国際比較――留学概念の転換	杉本均編著	三六〇〇円
中国教育の文化的基盤	大塚豊監訳 顧明遠著	二九〇〇円
中国高等教育独学試験制度の展開	大塚豊	三六〇〇円
中国大学入試研究――変貌する国家の人材選抜	南部広孝	三二〇〇円
中国高等教育の拡大と教育機会の変容	劉文君	五〇四八円
現代中国初中等教育の多様化と教育改革	王傑	三九〇〇円
中国の職業教育拡大政策――背景・実現過程・帰結	楠山研	三六〇〇円
文革後中国基礎教育における「主体性」の育成	李霞	二八〇〇円
「郷土」としての台湾――郷土教育の展開にみるアイデンティティの変容	山﨑直也	四六〇〇円
戦後台湾教育とナショナル・アイデンティティ	林初梅	六〇〇〇円
ドイツ統一・EU統合とグローバリズム――教育の視点からみたその軌跡と課題	木戸裕	六〇〇〇円
教育における国家原理と市場原理――チリ現代教育史に関する研究	斉藤泰雄	三八〇〇円
中央アジアの教育とグローバリズム	嶺井明子編著	三二〇〇円
インドの無認可学校研究――公教育を支える「影の制度」	小原優貴	三六〇〇円
バングラデシュ農村の初等教育制度受容	日下部達哉	三六〇〇円
オーストラリアのグローバル教育の理論と実践――開発教育研究の継承と新たな展開	木村裕	三六〇〇円
オーストラリアの教員養成とグローバリズム――多様性と公平性の保証に向けて	本柳とみ子	三六〇〇円
[新版]オーストラリア・ニュージーランドの教育――グローバル社会を生き抜く力の育成に向けて	青木麻衣子・佐藤博志編著	二〇〇〇円
オーストラリアの言語教育政策――多文化主義における「多様性」と「統一性」の揺らぎと共存	青木麻衣子	三八〇〇円
マレーシア青年期女性の進路形成	鴨川明子	四七〇〇円

〒113-0023 東京都文京区向丘1-20-6
TEL 03-3818-5521 FAX03-3818-5514 振替00110-6-37828
Email tk203444@fsinet.or.jp URL:http://www.toshindo-pub.com/

※定価：表示価格（本体）＋税